Bali & Java
Street Food

KULINARISCHE REISESKIZZEN
MIT VIELEN REZEPTEN

JENNY SUSANTI | ANDREAS WEMHEUER

Vielfalt wird auf den 17.000 Inseln, die Indonesien bilden, groß geschrieben. Das ist nicht nur in den unterschiedlichen kulinarischen Genüssen des Landes wiederzufinden, sondern auch in dem Leitmotiv *Bhinneka tunggal ika*, das Einigkeit in Vielfalt bedeutet und die Zusammenfassung der fünf Grundsätze darstellt, die sich auf dem indonesischen Wappen befinden:

1. der Glaube an einen Gott,
2. die Demokratie,
3. die nationale Einheit,
4. soziale Gerechtigkeit und die Gleichheit von Mann und Frau sowie
5. die Humanität in der Gesellschaft.

Bali & Java
Street Food

KULINARISCHE REISESKIZZEN
MIT VIELEN REZEPTEN

AUTHENTISCHE REZEPTE
UND INSIDERTIPPS

JENNY SUSANTI | ANDREAS WEMHEUER

Inhalt

VORWORT

Bali, die Insel der Götter und Dämonen, ist nur eine der zahlreichen Inseln Indonesiens und neben Java mit der Hauptstadt Jakarta wohl der Ort, der die Phantasie und Reiselust am meisten beflügelt. Allein die Region Jakarta hat ca. 30 Millionen Einwohner, wovon knapp 10 Millionen direkt in der Hauptstadt leben. Im Vergleich zu Java mit seinen insgesamt 130 Millionen Einwohnern auf einer Fläche von über 126.000 km² ist Bali mit geschätzt knapp 4,5 Millionen Einwohnern und 5.780 km² relativ klein.

Nicht nur Bevölkerungszahl und -dichte unterscheiden die zwei der bekanntesten Inseln Indonesiens, auf die wir uns in diesem Buch konzentrieren, auch die Religion spielt eine wichtige Rolle. Java ist muslimisch (sunnitisch) geprägt, wohingegen Bali überwiegend hinduistisch ist. Das spiegelt sich nicht nur in der Kultur, sondern insbesondere auch in der Küche wider. Garküchen auf Java und Bali unterscheiden sich im Angebot immer dann, wenn es um muslimische Speisegesetze geht (also um *halal* = erlaubt oder *haram* = verboten). Auf Java wird man nur auf chinesischen Speisekarten Schweinefleisch finden können. Doch unabhängig von den religiösen Unterschieden hat jede Region Indonesiens – um nicht zu sagen: jedes Dorf! – seine lokalen Spezialitäten. Und die finden sich alle auch in den Garküchen wieder. Man könnte Monate dort verbringen und hätte noch nicht alles gekostet, was die Küchentraditionen Javas und Balis zu bieten haben.

Essen ist in Indonesien immer ein Thema. Ähnlich wie bei uns das Wetter, kann in Indonesien jede Konversation ganz unverfänglich über das Essen geführt werden, wobei dem Sprechen darüber meist auch ein selbiges folgt. In Indonesien ist man stolz auf „sein" Essen, auf die mehr oder weniger scharfen Speisen der jeweiligen Heimatregion. Und es gibt grundsätzlich keine Veranstaltung, die ohne Essen auskäme. Zudem ist es in ganz Indonesien in allen Bevölkerungsschichten üblich, außer Haus zu essen oder Gerichte in einer Garküche zu kaufen und diese dann mit nach Hause zu nehmen. Diese Garküchen reichen von kleinen Mopeds mit zwei Töpfen rechts und links am Gepäckträger bis hin zu Restaurants nach europäischem Standard mit Tischen und Stühlen. Allen gemein ist, dass das Essen immer frisch zubereitet ist, daher häufig keine besonders große Auswahl an Gerichten zu bekommen ist und dass man die Speisen auch direkt vor Ort – an der Straße – verzehren kann. Übrigens spielt sich in Indonesien der Großteil des Lebens auf der Straße ab. Denn in diesem Klima kann man sich fast immer draußen aufhalten. Die Straße ist ein Raum, den sich Autos, Mopeds, Fahrräder, Fußgänger und eben auch Garküchen teilen.

In diesem Buch wollen wir Ihnen von der Vielfalt der Gar- bzw. Straßenküchen auf Java und Bali berichten und Sie auf unseren Roadtrip in eine Welt mitnehmen, die nicht nur den Geschmackssinn betört.

ÜBER DIE AKTEURE

Die Foodstylistin JENNY SUSANTI, geboren in Bandung, der Provinzhauptstadt von Westjava, Indonesien, besucht ihre Heimat mindestens einmal im Jahr. Jenny hat das Kochen zunächst, wie die meisten Mädchen auf Java, von ihrer Mutter gelernt. Doch sie hat mehr daraus gemacht: 1980 zog sie nach Deutschland und studierte in Berlin und Hamburg Lebensmitteltechnologie und Ernährungswissenschaften. Anfang der 1990er-Jahre machte sie sich selbstständig und arbeitet seitdem als Rezeptentwicklerin, Foodjournalistin und -stylistin für viele große Zeitschriften und Verlage in Deutschland. Sie war an mehreren renommierten Food-Produktionen und Kochbüchern beteiligt.
Mit diesem Buch legt sie nach „Indonesisch vegetarisch" (ebenfalls bei Hädecke erschienen) ihr zweites eigenes Kochbuch vor, das mit ihren Reisen, besonderen Orten, ihrer eigenen Geschichte und eigenen Rezepten verknüpft ist. Ihre Liebe zum Kochen und zur Küche ihrer Heimat werden Sie in diesem Buch auf jeder Seite spüren können.

Der Fotograf **ANDREAS WEMHEUER**, geboren in Hannover, ist leidenschaftlich Reisender.
Er genießt auf seinen Reisen rund um die Welt nicht nur Land und Leute, sondern immer auch die kulinarischen Eigenheiten der jeweiligen Länder. Dabei ist er stets mit der Kamera unterwegs, um seiner Passion für die Reportage-Fotografie gerecht zu werden und auch alles andere Sehenswerte ins Bild zu bringen. Dazu gehören unter anderem Speisen aller Art, denn Andreas ist nicht nur begeisterter Weltenbummler sondern auch Genussmensch. Seit den frühen 1990er-Jahren arbeitet der Wahlhamburger in seinem Studio im Stadtteil Ottensen und deutschlandweit als Fotograf für namhafte Design- und Werbeagenturen sowie für Verlage und Marketingabteilungen großer Konzerne.
Andreas, der uns in „Indonesisch vegetarisch" (s. S. 7) bereits mit seinen Bildern verzaubern konnte, nimmt uns nun zusammen mit Jenny auf die kulinarische Reise zu den Highlights der Straßenküchen Balis und Javas.

Mithilfe der befreundeten Texterin **NANETTE WOLF**, die als Journalistin, Beraterin und Mediatorin tätig ist, konnten die vielen Reisenotizen und Textskizzen in einen Guss gebracht werden.

ÜBER DIE PRODUKTION

Viele Foodproduktionen, bei denen Jenny in meinem Hamburger Studio äußerst geschickt und mit viel Phantasie wunderbare Speisen kreierte, endeten immer wieder bei ihrem Lieblingsthema: der Küche ihrer Heimat Indonesien. Nach abendelangen Diskussionen entstand daraus schließlich die Idee zu diesem Buch. Wir wollten nicht nur die Küche Indonesiens beschreiben und Gerichte vorstellen, wir wollten mehr.

Doch, Moment! Bevor wir uns überlegten wie dieses „Mehr" aussehen sollte, brauchten wir ein Konzept, einen Verlag und und und. Den Verlag fanden wir. Das Konzept hatten wir. Und dann folgten die Organisation und alles weitere. Es begann mit sehr viel zeitversetzter Kommunikation mit Jennys Familie in Bandung, der Provinzhauptstadt von Westjava (*Jawa Barat*), ca. 150 km südlich von Jakarta gelegen. Sämtliche Familienmitglieder wurden mehr oder weniger in unser Projekt einbezogen und sie waren nicht nur während der Vorbereitungen, sondern auch vor Ort eine wunderbare Stütze unseres Projekts, das nach und nach konkrete Formen annahm.

Damit konnte ich bereits etwas für Indonesien sehr Typisches lernen: Die Familie ist immer da! Jenny kennt das, doch für einen durchschnittlichen Mitteleuropäer ist es schon etwas Besonderes, zu erfahren, dass ein „Wir sind für Euch da" nicht nur aus freundlichen Worten und etwas Zeit besteht. Denn es folgen umgehend konkrete Taten, die nie mit angestrengter Miene, sondern immer mit großer Selbstverständlichkeit und von einem Lächeln begleitet sind.

Neben dem Familienverbund gibt es ein weiteres typisches Kennzeichen in diesem Vielvölkerstaat: die Küche. Nicht nur die dort lebenden Völker (man spricht von bis

zu 300 Völkern in Indonesien, die sich mit insgesamt mehr als 240 Millionen Einwohnern auf über 6.000 bewohnte Inseln verteilen) steuern ihre eigene Esskultur
bei, auch ehemalige Kolonialherren wie Holländer und Portugiesen und Einwanderer wie die Chinesen brachten Gerichte mit, zudem haben verschiedene Kulturen
und Religionen ihren Niederschlag in der Küche Indonesiens gefunden.
Um dieses großartige Land mit seinen bezaubernden Menschen kulinarisch in einem
Buch zu vereinen, konzentrieren wir uns auf einen kleinen, aber ausgesprochen
repräsentativen Teil des Inselstaates. Wir begeben uns auf die Reise vom musli-
mischen Sultanat Yogyakarta auf Java in das viele hundert Kilometer entfernte,
vorwiegend hinduistische Bali. Um das gesamte Streetfood-Angebot Indonesiens
abzubilden, bräuchte man vermutlich ein ganzes Leben. So viel Zeit hatten wir nicht.
Also ging es nach monatelanger Diskussion, Planung, Vorbereitung und mit der
familiären Unterstützung aus Indonesien los. Und heute laden wir Sie ein, die Welt
des Streetfood auf Java und Bali mit uns zu entdecken.

FISCHERBOOTE IM OSTEN JAVAS

Rezepte & Zutaten

NUDELN UND REIS

Mie sind indonesische Weizennudeln, **Bihun** Reisnudeln und unter **Soun** versteht man Glasnudeln. Letztere werden hauptsächlich aus Mungbohnenmehl gemacht. Aus diesen Hülsenfrüchten werden auch Sprossen gezogen, die häufig in den Gerichten des Landes verwendet werden. *Mie* gibt es sowohl mit als auch ohne Ei.

Nasi gibt an, dass es sich um ein Gericht mit gekochtem Reis handelt. Das vermutlich bekannteste Gericht der indonesischen Küche – auch wenn viele nicht ahnen, dass es von dort kommt – dürfte Nasi goreng, gebratener Reis in allen Variationen, sein. Indonesien ist weltweit der drittgrößte Reisproduzent. Normaler weißer Langkornreis spielt die Hauptrolle. Aber es gibt heute ein paar Projekte, die alte, seltene Reissorten des Landes in Kooperativen wieder anbauen.

SUP BIHUN

REIS AUF DEM MARKT IN DENPASAR, BALI

REISTERRASSEN IM WESTEN BALIS

FLEISCHGERICHTE

BABI GULING AUF BALI

SATE AUF BALI

SCHWEINEMARKT IN UBUD, BALI   **PASAR SENTUL IN YOGYAKARTA, JAVA**

Saté sind Gerichte, bei denen die Zutaten am Spieß zubereitet werden. Dazu kann eine Sauce auf Erdnussbasis gereicht werden, sie ist aber nicht zwingend (auch wenn unter Satésauce meist eine Sauce mit Erdnüssen verstanden wird). Dennoch ist die indonesische Küche ohne **Erdnussbutter (Pindakaas)** nicht denkbar.

Zwei weitere typische Zutaten sind helle Röstzwiebeln und **Lichtnüsse (Kemiri)**. Die an Ölen reichen Lichtnüsse (die Kerne des Lichtnussbaumes) werden in der asiatischen Küche als Gewürz verwendet. Die in Asialäden angebotenen Kemirinüsse sind ungeröstet. Da sie aber roh giftig sind, müssen sie vor der Verwendung geröstet oder roh gemahlen und dann gekocht werden. Sie schmecken leicht süßlich und nussig, wirken in Saucen und Sambals wie ein Geschmacksverstärker und machen die Speisen sämiger.

Helle **Röstzwiebeln (Bawang goreng)** gibt es in fast jedem Asialaden, ebenso wie getrockneten, blättrig geschnittenen Knoblauch. Diese asiatischen Röstzwiebeln sind meist feiner und heller als die bei uns bekannten und haben nichts mit den dunklen Fertigröstzwiebeln aus dem Supermarkt zu tun.

ZIEGENSATE IN SOLO

LICHTNÜSSE

MARKTHALLE IN DENPASAR, BALI

FLEISCHBÄLLCHEN

SNACKS – PIKANT UND SÜß

TOFU AUF DEM
MARKT IN UBUD, BALI

TEMPEH, BANDUNG

SNACKS AUF DEM MARKT
IN DENPASAR, BALI

KRUPUK, KUTA, BALI

KRUPUK, BANDUNG

KRUPUK, JAVA

Palmzucker (Gula merah) ist der aus dem Anschnitt der Zucker- oder auch Attapalme austretende Palmsaft, der gekocht wird, bis er auskristallisiert. Er wird wie Rohrohrzucker verwendet, für Süßspeisen oder zum Abschmecken. Sein karamellartiger Geschmack kann nicht durch normalen Zucker ersetzt werden. Palmzucker ist weniger süß als raffinierter Zucker. Teilweise ist er auch in Form von gepressten Platten oder Brocken erhältlich und muss vor der Verwendung zerkleinert werden. Aus dem vergorenen Palmsaft wird **Palmwein** hergestellt. Aus dem Fruchtfleisch der jungen **Steinfrüchte der Zuckerpalme (Buah kolang kaling)** werden in einem aufwändigen Verfahren in Sirup eingelegte Palmfrüchte hergestellt, eine in Indonesien beliebte Nascherei.

Krupuk werden fälschlicherweise oft als Krabbenchips oder Garnelencracker bezeichnet. Diese sind jedoch lediglich eine Sorte von Krupuk, die es auch in einer vegetarischen Variante gibt. Krupuk ist in Indonesien die Bezeichnung für Kekse, Cracker, Chips – egal ob getrocknet, gebacken oder frittiert. In Indonesien werden Krupuk meist nur aus **Tapiokamehl (Krupuk aci)** oder Tofu mit Gewürzen hergestellt. Tapiokamehl bzw. -stärke wird aus der Maniokwurzel gewonnen und ist geschmacksneutral, daher auch ein ideales Mittel zum Binden von Saucen oder Füllungen.

Sojabohnen sind die Grundlage für **Tofu (Tahu)** und fermentierten Sojakuchen (Tempe). Tofu ist ein wichtiger Bestandteil der indonesischen Küche, nicht nur in vegetarischen Gerichten.

Tofu wird durch die Gerinnung der Eiweißbestandteile aus Sojamilch hergestellt. Dabei werden Salze und Säuren eingesetzt. Tofu ist nicht gleich Tofu! Je nach Herstellungsmethode gibt es unterschiedlich feste und weiche Sorten. **Tempeh (Tempe)** wird hingegen aus fermentierten Sojabohnen hergestellt. Tempeh ist als leichter, nahrhafter Snack in den meisten indonesischen Garküchen zu finden.

GETRÄNKE & ERFRISCHUNGEN

FISCHE UND MEERESFRÜCHTE

FISCHBÄLLCHEN, BALI **FISCHKUCHEN, BANDUNG** **FISCH, BALI**

Neben den bekannten **Krabbenchips** (s. a. S. 15), die aus getrockneten, gemahlenen Garnelen hergestellt werden, kommen die Krebstiere auch frisch in Meeresfrüchtegerichten auf den Tisch, zudem werden sie fermentiert als **Garnelenpaste (Terasi)** und getrocknet als Gewürz (auch angeboten als getrocknete Shrimps oder Krabben) genutzt.

Ebenfalls ein Würzmittel mit dem Aroma der See ist **Fischsauce (Kecap ikan)**, die nur eine der in der indonesischen Küche verwendeten Würzsaucen ist. Weitere sind die **süße Sojasauce (Kecap manis)** und die **salzige Sojasauce (Kecap asin)**. Erstere ist dickflüssig und dunkel, letztere dünnflüssig und ein wenig heller. Sojasauce wird in der Grundrezeptur aus Wasser, Sojabohnen, Getreide und Salz hergestellt, es gibt unzählige Varianten.

SUPPEN

Neben den allgegenwärtigen *Sambals* (s. S. 21) werden fein abgestimmt die verschiedensten Kräuter und Gewürze verwendet. Zu den auch bei uns erhältlichen gehören **Zitronengras** und **Kaffirlimettenblätter,** die für ein frisches Zitrusaroma in den Speisen sorgen. Zitronengras muss dazu aufgeschnitten und angequetscht werden. Für Würzpasten wird manchmal das weiche Zitronengrasinnere kleingehackt mitverarbeitet. Kaffirlimettenblätter werden teilweise auch als Zitronenblätter bezeichnet.

Säure wird nicht nur durch Limetten- oder Zitronensaft hinzugefügt, auch **Tamarindensaft** und **-paste** werden dazu genutzt. Es gibt süße und saure Tamarinden, in der indonesischen Küche werden die sauren z. B. für Suppen, Salate und Marinaden verwendet. Das Fruchtmark ist auch als gepresste Tafel erhältlich. Meist sind darin noch die Kerne enthalten, die dann bei der Zubereitung entfernt werden müssen (in Wasser aufgeweichtes Mark durch ein Sieb streichen).

Neben **Ingwer** kommen auch **Galgant** und **Gelbwurz (Kurkuma)** zum Einsatz. Alle drei gehören zur Pflanzenfamilie der Ingwergewächse und sind sowohl frisch als auch

SALAMBLÄTTER   ZITRONENGRAS (MITTE)

getrocknet verwendbar. Galgant wird wie Ingwer verarbeitet, er ist auch als Thai- oder Siam-Ingwer bekannt. Sein Fruchtfleisch ist blass bräunlich und wird für Suppen in Scheiben geschnitten. Sein frischer, pfeffriger Geschmack geht leicht ins Bittere, deshalb wird Galgant nicht immer mitgegessen. Er ist etwas milder als Ingwer. Für Pasten wird er püriert, zudem ist er getrocknet in Scheiben und als Laos-Pulver erhältlich. Das Innere des weitverzweigten Gelbwurz-Rhizoms (Wurzelstock) ist stark gelb- bis orangefarben. Kurkuma wird getrocknet meist zum Aromatisieren, Abrunden und Färben von Gerichten verwendet. Er ist preiswerter als Safran und um Reis oder andere Gerichte zu färben, genügt schon eine Messerspitze davon und das Essen strahlt leuchtend gelb. Frischer Kurkuma hat einen harzigen, eher brennenden Geschmack und wird meist für Pasten genutzt.

Zwei typisch indonesische Kräuter sind das **Salamblatt** und das **Pandan(us)blatt**. Salamblätter werden auch als indonesischer Lorbeer bezeichnet, was etwas irreführend ist, gehört das Gewürz doch zu den Myrtengewächsen – wie übrigens auch die Gewürznelken. Da sich der Geschmack nur langsam entfaltet, wird das Blatt gleich zu Beginn des Kochens dazugegeben und am Ende der Garzeit wieder herausgenommen. Als Ersatz wird häufig der bei uns bekannte Lorbeer empfohlen, der jedoch geschmacklich in keiner Weise vergleichbar ist. Das Aroma des Pandanblattes ist vanilleähnlich und leicht nussig. Das frische Blatt wird entweder mitgekocht oder die Speisen werden in die Blätter eingewickelt und dann gegart oder frittiert. Die Blätter werden allerdings nicht mitgegessen. Insbesondere bei nicht ganz so hochwertigen oder weniger duftenden Reissorten dient das Pandanblatt der Aromatisierung. Zudem wird es für Süßspeisen verwendet. In Asialäden ist auch Pandanblattextrakt erhältlich.

MANIOK   SPARGELBOHNEN (HINTEN)   CHAYOTE   AUBERGINEN

GEMÜSE UND DIPS

Balado terung	Auberginen-Chili-Gemüse	SEITE 200
Cah kangkung	Gedünsteter Wasserspinat	
telor burung puyuh	mit Wachteleiern	SEITE 205
Capcai	Wok-Gemüse mit Garnelen	SEITE 84
Gado gado	Gemüse mit Erdnusssauce	SEITE 45
Lawar ayam	Bohnen-Kokosnuss-Gemüse mit Hähnchen	SEITE 163
Plecing kangkung	Wasserspinat mit Chilisauce und Erdnüssen	SEITE 187
Sambal jeruk	Chilipaste mit Limettensaft	SEITE 80
Sambal korek	Chilipaste mit Knoblauch	SEITE 78
Sambal matah	Chilidip mit Schalotten und Zitronengras	SEITE 78

Bambussprossen (Rebung) sind die jungen Schösslinge des Bambusrohrs. Frisch geerntet haben Bambussprossen ein festes, helles Fleisch und sind innen hohl. Sie sind vorgekocht und abgepackt oder in Dosen erhältlich. In der indonesischen Küche werden sie gedünstet oder gekocht als Gemüse und für Suppen verwendet.

Chayote (Waluh) ist eine Kürbispflanze, die wie eine große, grüne, schrumpelige Birne aussieht, die von tiefen Furchen durchzogen ist. Sie schmeckt wie eine Mischung aus Zucchini und Gurke. Das feste, elfenbeinfarbene bis grüne Fruchtfleisch sondert beim Schneiden einen klebrigen Saft ab. Alle Teile der Pflanze, auch Blätter und Schale, sind essbar. Verarbeitet wird Chayote meist wie Kürbis, besitzt aber nur einen Kern. In der indonesischen Küche kommt sie kleingeschnitten in Suppen und Eintöpfe.

Spargelbohnen (Kacang panjang) sehen wie unsere grünen Bohnen aus, sind aber mit bis zu 100 cm deutlich länger und ihr Geschmack ist würziger bzw. süßlich-nussig. Sie werden in Stücke geschnitten und gekocht bzw. gedünstet.

Wasserspinat (Kangkung) wächst – wie der Name schon sagt – im Boden verankert

PAK CHOI   KAKAO   KAKAOBOHNEN

WASSERSPINAT   **CHILIS**   **GEMÜSE AUF DEM MARKT**

oder schwimmend im Wasser. Er ist sehr ergiebig und im asiatischen Raum ein klassisches Sommergemüse. Er ist fester und schmeckt kräftiger als unser Spinat. Wasserspinat wird nur kurz gedünstet und ist eine beliebte Zutat in Suppen und Eintöpfen.

Ein Gericht ohne **Chilipaste (Sambal)** ist in Indonesien nicht vorstellbar. Es wird in kleinen Schälchen zu jeder Hauptmahlzeit gereicht. Die Grundlage für das bekannte Sambal oelek bilden rohe, zerkleinerte rote Chilischoten (s. u.), Salz und eine Prise Zucker. Je nach Zubereitungsart unterscheiden sich die vielfältigen Geschmacksrichtungen der Sambals auch in ihrer Schärfe. Dabei gibt es kalt zubereitete und mit Salz konservierte Varianten und solche, die in Öl gebraten und mit weiteren Gewürzen versetzt und so lange geköchelt werden, bis sie eine ölige, dickflüssige Konsistenz erreicht haben.

Schärfe ist ein wesentliches Merkmal der indonesischen Küche. **Chilischoten (Cabai rawit)** und **Gewürzpaprika (Cabai)**, die oft auch als Peperoni bezeichnet werden, sind dabei die Hauptakteure. Chilis gehören zu den *Capsicum frutescens* und die indonesischen besitzen meist eine eher dünne Haut. Auf einer Schärfeskala von zehn Einheiten sind sie mit Schärfegrad acht schon relativ scharf. Daher verwundert es nicht, dass sie den Cayennesorten zugerechnet werden. Als Ersatz eignen sich die häufiger angebotenen Thai-Chilis.

Von *Capsicum annuum* stammen die etwas milderen Gewürzpaprika ab, ebenso wie unsere Gemüsepaprika, bei der nur die Schärfe weggezüchtet wurde. Die Schärfe der Gewürzpaprika reicht von mild-süß bis brennend scharf. Aus Indonesien stammt beispielsweise die langschotige Sorte *Cabai panjang*. Ersatz dafür gibt es auch in Lebensmittelläden, die mediterrane Spezialitäten anbieten (Peperoni, Pimientos de Padrón, Peperoncini usw.). Die langen grünen und roten Schoten in unterschiedlicher Schärfe, die dort angeboten werden, sind jedoch nicht mit der milden Spitzpaprika zu verwechseln.

POMELOS   **MARACUJA**   **GRANATAPFEL**   **ZUCKERROHR**

DIE REISE

Jenny flog ein paar Tage früher nach Jakarta, um das, was wir aus der Ferne und trotz Hilfe ihrer Familie nicht organisieren konnten, auf den Weg zu bringen. Als ich einige Tage später in Jakarta landete, holten mich Jenny und ihr Schwager Bonny am Flughafen ab. Hier kommt man nach einer tausende Kilometer langen Flugreise an und steht im Stau! Man überwindet fast den halben Globus relativ schnell mit dem Flugzeug und kaum ist man wieder auf der Erde, geht – gefühlt – erst mal gar nichts mehr. Kaum angekommen stellt man ganz schnell fest, dass das Leben Indonesiens auf der Straße stattfindet: Hupen, Lärm, Stau, wilde Gesten, sich durchschlängelnde Mopeds, Motorräder und -roller, Fahrräder und Fußgänger; dazwischen überall Menschen, die einer Beschäftigung nachgehen, von A nach B eilen, etwas verkaufen, sich unterhalten und an jeder Straßenecke kleine Läden, in denen gearbeitet und gehandelt wird.

Im indonesischen Straßenchaos stellt man sehr schnell fest, dass das optimale Fortbewegungsmittel zwei Räder hat, um ans Ziel zu kommen. Das übliche „Familienauto" ist hier ein Roller, auf dem selten weniger als zwei und häufig bis zu fünf Personen Platz finden. Vorne sitzt ein Kleinkind, dann kommen Vater und Mutter mit oder auch ohne Helm und dazwischen noch ein Baby und ein weiteres Kind. Wenn man sieht, wie sich diese Familien durch die Straßen bewegen, hält man die Luft an, immer in Erwartung, dass gleich ein Unfall passieren müsse. Doch das Luftanhalten ist unbegründet, denn die Eleganz, mit der sich diese Gefährte durch den Stau bewegen, ist ein Schauspiel, dessen Anblick einfach fasziniert.

In Indonesien gibt es theoretisch eine Helmpflicht für motorisierte Zweiräder. Hin und wieder wird diese auch von der örtlichen Polizei kontrolliert. Helme für Kinder gibt es kaum, also drückt die Polizei hier ein Auge zu. Die Augen werden auch auf Bali zugedrückt – aus religiösen Gründen, denn die Hindus auf Bali tragen traditionell den *Udeng*. **Ein Udeng ist ein speziell geknotetes**

und um den Kopf gewickeltes Tuch. Auf bzw. über der Stirn sitzt der Knoten dieser Kopfbedeckung, die es in der Zwischenzeit auch fertig vorgeknotet zu kaufen gibt und die man dann wie eine Mütze aufsetzt. Die Farbe des Udeng ist von großer Bedeutung. Bei Zeremonien im Tempel und an Gedenktagen trägt man einen weißen Udeng. Zu Hochzeiten, Geburtstagen und anderen fröhlichen Festen ist der Udeng aus gebatiktem oder anderem bunten Stoff. Bei Beerdigungen trägt man einen ganz oder teilweise schwarzen Udeng. Diese klassische Kopfbedeckung passt unter keinen Helm, weshalb die Gesetzeshüter auch nie auf die Idee kämen, hier einzuschreiten.

Aber zurück zu meiner Ankunft: Im Stau zwischen Jakarta und Bandung wird mir sofort klar, weshalb Jenny uns ein Motorrad besorgt hat. Nur auf zwei Rädern kann man sich meiner Meinung nach im gesamten südostasiatischen Raum in einer halbwegs angemessenen Geschwindigkeit durch den ständig stockenden Verkehr bewegen. Als Liebhaber alten Blechs, bekomme ich beim Anblick der BMW R 25/3 aus den 1950er-Jahren glänzende Augen. Natürlich muss noch Hand angelegt werden und ein Freund der Familie ist sofort zur Stelle, um dieses wunderschöne Gefährt für unsere Reise fahrtüchtig zu machen. Der Mechaniker benutzt dabei das Blech einer Cola-Dose, Tape, Kabelbinder und die aktuelle Ausgabe der ZEIT, die ich aus

dem Flugzeug mitgebracht habe – alles Dinge, die für eine Schnellreparatur von
Nutzen sein können. Dann zeigt er uns, dass das Motorrad nach einem noch recht
vorsichtigen Antreten auf den Kickstarter fährt. Tape und Kabelbinder nehmen wir
mit, nur für alle Fälle …

Was dann folgt, ist etwas kitschig, doch wir starten tatsächlich in den Sonnenuntergang bei angenehmen 25 °C Lufttemperatur. Ein Helm ist Pflicht, doch ich verzich-
te auf den mir empfohlenen Mundschutz. Jenny ermahnt mich, nicht alles, was die
Luft hier an Staub und Dreck zu bieten hat, einzuatmen und auf meine Gesundheit
zu achten. Doch ich will auch die Gerüche hautnah erleben.

Als Mitteleuropäer und „großer Junge" ist die Fahrt durch den Großstadtdschun-
gel auf einer alten BMW vielleicht eines der letzten urbanen Abenteuer, das man
im 21. Jahrhundert noch erleben kann. Zumindest fühlt es sich so an! Und selbst die
hier lebenden und in diesem Verkehr so geübten und hartgesottenen Zweiradfah-
rer nicken beeindruckt von unserem alten, auch für hiesige Verhältnisse antiken
Gefährt, wenn wir gemeinsam an der Ampel stehen. Man spürt die Nähe der Menschen auf dem Zweirad einfach anders – und bekommt ein Extralächeln. Schnell
gewöhne ich mich daran, dass man hier links fährt und Hupen nicht wie bei uns eine
Beschwerde ist. Hupen dient hier im Straßenverkehr eher der Kommunikation und
heißt so viel wie „ich bin da" oder „ich fahre jetzt mal da rüber".

Wir lassen die Stadt hinter uns und es ist fast wie bei „Easy Rider". Doch unser Plan
ist ein anderer und die Straßen, die vor uns liegen, sind auch nicht unendlich lang
und leer. Ein tropischer Gewürzgeruch liegt immer in der Luft, sobald man die Stadt
hinter sich lässt. Ich bin froh, dass ich ohne Mundschutz all die Düfte, die dieses
Land zu bieten hat, in mich aufsaugen kann. Schade nur, dass sie sich auf keinem
Foto abbilden lassen. Die Landstraße, auf der wir uns in Richtung Südosten bewegen, teilen sich Autos, Zweiräder und Lastwagen. Autobahnen im europäischen
Sinne gibt es in Indonesien kaum. Staus sind hier immer wieder vorprogrammiert,
denn die Lastwagen schaffen an den Steigungen der schmalen und kurvenreichen

Straßen gerade einmal Schritttempo. Überholen ist kaum vorgesehen und es gilt das Recht des Stärkeren. Die Lastwagendichte auf den Straßen hat mit der Versorgung des Landes zu tun, das nur über ein sehr dünnes Eisenbahnnetz verfügt. Wo die *PT Kereta Api Indonesia*, die staatliche Eisenbahngesellschaft, existiert, werden vorwiegend Menschen transportiert. Das Eisenbahnnetz, das teilweise noch aus der Kolonialzeit stammt, soll jedoch in nächster Zeit ausgebaut werden. Auf Java ist geplant, in den kommenden Jahren auch mehr Güter auf die Schiene zu bringen. Bali besitzt keine Eisenbahn.

Wir genießen die Fahrt, die uns zwei Tage lang durch die Hügel und Ebenen Javas von Bandung nach Yogyakarta führt. Unser Weg ist gesäumt von Tee- und Kaffeeanpflanzungen, Kakao-, Tabak- und Mango-Plantagen. Auch Chili- und Reisfelder tauchen immer wieder auf. Ich würde am liebsten an jeder Ecke anhalten, um die Schönheit des Landes mit meiner Kamera einzufangen, doch Jenny hat unser Ziel und die leider viel zu knapp bemessene Zeit vor Augen. Wir wollen vorankommen und so schlagen ununterbrochen zwei Herzen in meiner Brust. Ich bin hin- und hergerissen zwischen dem Wunsch, vor Ort zu verweilen und das Ganze zu genießen, und unserem Auftrag. Der Zustand der Straßen zwingt einen dazu, langsam zu fahren. Und so kann ich mit dieser „Unterstützung" die Schönheit der Landschaft doch noch genießen.

Wer auf der Straße unterwegs ist, lernt die Menschen dieses Landes noch einmal von einer ganz besonderen Seite kennen: Indonesier lassen sich spontan auf Gelegenheiten ein. Sobald sich ein Stau bildet, zeigt sich sofort die Dorfjugend oder Straßenverkäufer tauchen auf, die Essen, Getränke oder anderes anbieten. Dieser Kleinhandel gehört zum Alltag und die Wartenden nehmen das Angebot dankend an.

TABAKFELDER IM OSTEN JAVAS

BLUMENFELDER IN GIANYAR AUF BALI

LUMPIA GORENG
FRITTIERTE FRÜHLINGSROLLEN

Die Frühlingsrollen passen gut als Vorspeise für ein Menü oder auch als Snack für zwischendurch. Ein typisches Streetfood, das für die Reise absolut picknicktauglich ist.

FÜR 10 STÜCK

250 g Hähnchenbrustfilet
salzige Sojasauce
   (Kecap asin, s. S. 17)
250 g Möhren
1 Stange Lauch
2 Frühlingszwiebeln
150 g Mungbohnensprossen
2 Knoblauchzehen
2 Schalotten
2 EL Öl
Salz
Pfeffer, frisch gemahlen

100 g Erdnussbutter
   (Pindakaas, s. S. 13)
1 TL Sambal oelek (s. S. 21)
1 EL Zitronensaft
250 ml Wasser
1 TL Zucker

10 TK-Blätter Frühlingsrol-
   lenteig (21,5 cm × 21,5 cm),
   aufgetaut
1 Eiweiß
Öl zum Frittieren

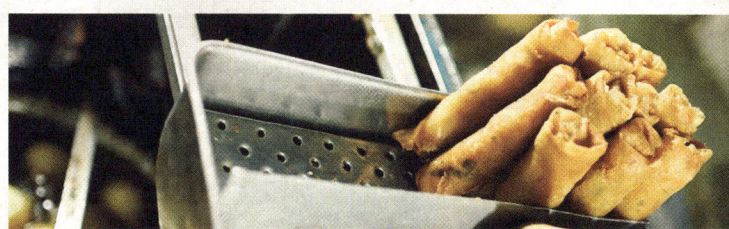

_ Hähnchenbrustfilet waschen, trocken tupfen und in sehr kleine Würfel schneiden. Mit 1 EL Sojasauce würzen.

_ Möhren nach Bedarf schälen, Lauch und Frühlingszwiebeln putzen und waschen. Möhren, Lauch und Frühlingszwiebeln in feine Streifen schneiden. Mungbohnensprossen waschen und gut abtropfen lassen. Knoblauch und Schalotten schälen, beides fein hacken.

_ Öl in einer Bratpfanne erhitzen. Knoblauch und Schalotten darin anbraten, die Fleischwürfel mitbraten. Unter Rühren Möhren, Lauch, Frühlingszwiebeln und Sprossen dazugeben. Mit Salz, Pfeffer und Sojasauce kräftig abschmecken, dann abkühlen lassen.

_ In der Zwischenzeit Erdnussbutter, Sambal, Zitronensaft und Wasser in einem Topf verrühren und aufkochen lassen. Mit Salz und Zucker abschmecken, Sauce beiseitestellen. Das Öl zum Frittieren auf etwa 170 °C erhitzen.

_ Je 3 EL Gemüsefüllung in die Mitte eines Teigblatts setzen und die Seiten einschlagen. Aufrollen und mit etwas Eiweiß zukleben.

_ Die Lumpia im heißen Öl goldbraun frittieren. Mit der Erdnusssauce servieren.

nasi goreng udang

GEBRATENER REIS MIT EIERN UND GARNELEN

Das einfache Nationalgericht Indonesiens verfeinere ich mit Eiern und Garnelen. Jeder kennt Nasi goreng und es wird in vielen Variationen zubereitet, beispielsweise mit Meeresfrüchten, Fleisch, Gemüse oder Eiern.

FÜR 4 PORTIONEN

2–4 Eier, nach Geschmack
Salz
Pfeffer, frisch gemahlen
3 EL Öl
3 lange, grüne Gewürzpaprika
　(s. S. 21)
3 Frühlingszwiebeln
1–2 rote Gemüsepaprika
3 Knoblauchzehen
2 Schalotten
300 g Garnelen, Schale und
　Darm entfernt (bei TK-Quali-
　tät, aufgetaut)
800 g Langkorn-Reis,
　am Vortag gekocht (aus 325 g
　ungekochtem Reis)
200 g frische Erbsen
　(bei TK-Qualität aufgetaut)
4 EL süße Sojasauce
　(Kecap manis, s. S. 17)
2 EL salzige Sojasauce
　(Kecap asin, s. S. 17)
2 EL Sesamöl
2 EL helle Röstzwiebeln
　(Bawang goreng, s. S. 13)
Sambal nach Wahl (s. S. 21)

_ Eier schaumig aufschlagen, salzen und pfeffern. 1 EL Öl in einer beschichteten Bratpfanne erhitzen. Eier dazugießen und ein Rührei daraus zubereiten. Herausnehmen und beiseitestellen.

_ Gewürzpaprika putzen, waschen und in Ringe schneiden. Frühlingszwiebeln putzen, waschen und ebenfalls in Ringe schneiden. Gemüsepaprika putzen, waschen und in Streifen schneiden. Knoblauch und Schalotten schälen und fein hacken.

_ Restliches Öl in einer Bratpfanne erhitzen. Knoblauch und Schalotten darin anbraten. Garnelen, Gewürzpaprika, Frühlingszwiebeln, Paprikastreifen, Reis und Erbsen untermischen. Unter Rühren ca. fünf Minuten braten. Mit süßer und salziger Sojasauce, Sesamöl und Pfeffer abschmecken. Das Rührei untermischen und mit Röstzwiebeln bestreuen. Dazu Sambal servieren.

LIMETTEN-GETRÄNK MIT MINZE

Bei der Hitze in Indonesien ist dieses Getränk eine großartige Erfrischung – und immer ein guter Grund für eine kleine Pause im Schatten.

FÜR 4 GLÄSER

1 Bund Minze, z. B. Marokkanische Minze
2 Limetten
4 Tassen Crushed Ice
600 ml Wasser
4 EL Limettensirup
4 Limettenscheiben

_ Minze waschen, Blätter abzupfen und trocken tupfen. Limetten halbieren und auspressen.
_ Crushed Ice, Wasser, Minze, Limettensirup und -saft in einen Standmixer geben und auf höchster Stufe kurz mixen.
_ Durch ein Sieb in Gläser abgießen und mit Limettenscheiben dekorieren.

Java

YOGYAKARTA

Nach dem schönen Beginn und unserer Ankunft in Yogyakarta startet die eigentliche kulinarische Reise. Noch wissen wir nicht, welche „Tour de Force" wir uns da vorgenommen haben. Auch wenn Jenny und ich leidenschaftliche Esser und Genießer sind, fällt es uns nicht ganz leicht, bis zu sechs (!) Mal am Tag zu essen. Doch wir wollen alles probieren und werden, was wir am Anfang noch nicht wissen, auch wirklich alles genießen. Und schließlich haben wir einen Anspruch an uns und an dieses Buch, den wir erfüllen wollen. Die Garküchen und ihr Essen sollen nicht nur in Wort und Bild vorgestellt werden, Jenny will mir auch zeigen, wie es schmeckt. Ich muss überall kosten. Und ich bin natürlich auch neugierig auf den Vergleich mit dem, was ich von Jennys indonesischen Speisen in Hamburg kenne, und dem, was mir hier serviert wird. Jenny betont immer wieder, dass es einige der hiesigen Zutaten, besonders Gewürze, in Deutschland nicht zu kaufen gibt, dass sie dafür jedoch entsprechende Alternativen – auch in den Rezepten dieses Buches – verwendet.

Jenny hat die Garküchen in akribischer Vorarbeit aus eigener Erfahrung und aufgrund der Empfehlungen ihrer Familie und von Freunden ausgesucht. Theoretisch gibt es feste Öffnungszeiten, doch es kommt immer wieder vor, dass bereits vor Geschäftsschluss die Gerichte ausverkauft sind. Manchmal öffnen die Restaurants erst gar nicht, z. B. wegen eines Familienfestes. Eine Vorankündigung findet nicht statt. Wir machten auch die Erfahrung, dass einige der angegebenen Adressen nicht immer leicht zu finden sind, da zum Beispiel Hausnummern an Gebäuden fehlen. Die durch und durch freundlichen Indonesier sind jedoch so hilfsbereit, dass sie nicht nur genau erklärten, wo das Restaurant liegt, sondern uns auch manchmal unter ihre Fittiche nahmen und uns bis vor die Tür begleiteten.

Viele der Restaurants heißen *Warung*, das bedeutet kleines Lädchen oder kleine Bambushütte. Mit so einer kleinen Bambushütte haben die meisten Besitzer der heute größeren Garküchen häufig angefangen. Ein Warung ist im Prinzip ein kleiner Verkaufsstand auf Rädern mit einer Kochstelle. Man könnte es auch als „Essen auf Rädern" bezeichnen, doch das weckt bei uns andere Assoziationen. Wenn die Warungs größer und erfolgreicher werden, sich quasi verwurzeln, wird der Name häufig beibehalten. Das Wachstum drückt sich dann nicht

zwingend in einer größeren Vielfalt der Speisen aus, sondern darin, dass man ein festes Dach über dem Kopf hat und dem Gast Sitzmöglichkeiten anbietet. Niedrige Holz- oder Plastiktischchen und davor eine Bambusmatte sind schon ein Anzeichen für den Aufstieg eines Warung. Manchmal sitzt man auch unter Plastikplanen, was zwar nicht hübsch aussieht und nicht unserem verträumten Bild von Straßenküchen entspricht, aber vor Staub, Abgasen, Schmutz, Regenschauern oder vor der Sonne schützt. Für uns ist es zudem fast unvorstellbar, dass sich so ein Restaurant mit nur einem einzigen Gericht rentabel betreiben lässt.

Um die kulinarische Vielfalt Yogyakartas auszukosten, bleiben wir einige Tage in dieser Region, die auch politisch einen Sonderstatus besitzt. Neben Kutei ist Yogyakarta eines von zwei verbliebenen Sultanaten Indonesiens. Der Sultan von Yogyakarta, Hamengkubuwono IX., hatte sich während des Unabhängigkeitskriegs in Indonesien (1945–1949) auf die Seite der Revolutionäre gestellt. Er erklärte sein Reich 1950 zu einem Teil Indonesiens und erhielt damit die Zusicherung einer fortwährenden Regentschaft. Daher herrscht in Yogyakarta heute Sultan Hamengkubuwono X. Die anderen Provinzen werden von Gouverneuren geleitet.

Das erste Restaurant, das wir in der Stadt Yogyakarta besuchen, die von vielen auch kurz Yogya genannt wird, ist das *Bakmi Kadin* (Jalan Bintaran Kulon Nr. 3, Yogyakarta; Öffnungszeiten: 10:00 – 23:30 Uhr; Spezialität: Nudelgerichte).

Wir waren zur Mittagszeit dort, da es abends sehr voll wird. Wegen der Hitze nehmen Indonesier ihre warme Mahlzeit lieber abends zu sich. Der Begründer des *Bakmi Kadin* ist Pak Karto Pawiro. *Pak* entspricht unserer höflichen männliche Anrede und bedeutet Herr. 1947 hatte er mit seiner Frau und seinem Sohn Nudelgerichte noch von einem kleinen Wagen aus am Straßenrand verkauft. Heute ist dieser Wagen zu einem stattlichen Restaurant geworden, das sein Sohn nun in zweiter Generation führt. Nichts erinnert mehr an die Anfänge dieser Garküche, lediglich die Bestandteile der Gerichte sind die gleichen geblieben: Nudeln, Hähnchenfleisch, Eier, Weißkohl, Tomaten, Röstzwiebeln (Bawang goreng) und Gewürze.

Die Zusammensetzung der Gewürze ist übrigens eine Besonderheit der Küche Zentraljavas. Typisch für das *Bakmi Kadin* ist, dass die Gerichte einzeln in einem Wok über Holzkohle zubereitet werden. Einen Elektro- oder Gasherd sucht man hier vergebens. Die Basis des Essens bilden im *Bakmi Kadin* immer gekochte oder gebratene Nudeln. Und hier kann ich nur wiederholen: „Schade, dass sich Gerüche nicht auf Fotos abbilden lassen!" Dieses Gefühl werde ich noch häufiger haben.

Mie goreng Jawa

JAVANISCHE GEBRATENE NUDELN

Diese Spezialität aus Yogyakarta unterscheidet sich vom herkömmlichen Mie goreng durch die Zugabe von Lichtnüssen und Garnelenpaste.

FÜR 4 PORTIONEN

300 g Weizennudeln mit Ei
(Mie, s. S. 11)
1 Bund Frühlingszwiebeln
250 g Pak Choi
200 g Weißkohl
2 Tomaten
300 g Hähnchenbrustfilets
3 Knoblauchzehen
2 Schalotten
4 Lichtnüsse (Kemiri, s. S. 13)
Salz
1 TL Garnelenpaste
(Terasi, s. S. 17)
3 EL Öl
2–3 Eier
2–3 EL süße Sojasauce
(Kecap manis, s. S. 17)
1 EL salziger Sojasauce
(Kecap asin, s. S. 17)
Pfeffer, frisch gemahlen
2 EL helle Röstzwiebeln
(Bawang goreng, s. S. 13)
4 kleine grüne Chilischoten
(s. S. 21), geputzt

_ Nudeln nach Packungsanweisung zubereiten und in einem Sieb abtropfen lassen.

_ Frühlingszwiebeln putzen, waschen und in Ringe schneiden. Pak Choi putzen, waschen und in Stücke schneiden. Den Strunk vom Weißkohl herausschneiden, Kohl waschen und in feine Streifen schneiden oder hobeln. Tomaten waschen, achteln und Stielansätze entfernen. Hähnchenbrust waschen, abtupfen und in Streifen schneiden. Knoblauch und Schalotten schälen. Schalotten in feine Scheiben schneiden. Knoblauch, Lichtnüsse, Salz und Garnelenpaste in einem Mörser zu einer Paste zerdrücken.

_ Öl in einer großen Bratpfanne erhitzen. Schalotten darin anbraten. Knoblauchpaste dazugeben und mitbraten. Fleisch hinzufügen und goldbraun darin anbraten. Eier verquirlen, zugießen und unter Rühren weiter braten. Nudeln, Weißkohl, Frühlingszwiebeln, Tomaten und Pak Choi dazugeben. Mit süßer und salziger Sojasauce würzen, unter ständigem Rühren weiter braten.

_ Mit Salz und Pfeffer abschmecken. Mit Röstzwiebeln und Chilis nach Geschmack servieren.

BAKMI KADIN
Jalan Bintaran Kulon Nr. 3
Yogyakarta
Öffnungszeiten:
10:00 – 23:30 Uhr

Wir ziehen weiter zum *Lotek Teteg* (Jalan Argolubang 184, Gang Delima, Baciro, Yogyakarta; Öffnungszeiten: 9:00 – 16:30 Uhr; Spezialität: Gemüse mit Erdnusssauce). Das *Lotek Teteg* hat seine Ursprünge ebenfalls in einem Wägelchen, das seit 1968 von Pak Untung durch die Straßen Yogyakartas gefahren wurde. Heute gibt es zehn Mitarbeiter, die dafür Sorge tragen, dass man hier Gado gado (Seite 45) und Lotek auf einem überdachten Platz mit Tischen und Stühlen genießen kann. Berühmt ist das *Lotek Teteg* aber auch wegen seines überdimensional großen Mörsers, der dort in der Küche benutzt wird: Er hat einen Durchmesser von 80 cm.

Gado gado kann – wie bei Lotek üblich – kalt gegessen werden. Bei beiden Gerichten handelt es sich um gemischtes Gemüse mit Erdnusssauce. Sie unterscheiden sich in der Art der Zubereitung: Für Gado gado wird das Gemüse gegart und separat eine Sauce zubereitet, die anschließend darübergegossen wird. Lotek ist eine Spezialität aus Bandung, bei der eine Erdnusspaste in einem großen Mörser zubereitet wird. In Indonesien werden flache Mörser benutzt, die zudem deutlich größer sind als die in Europa z. B. für Pesto gebräuchlichen. Ein normaler indonesischen Mörsers hat einen Durchmesser von bis zu 30 cm. Auch für Lotek wird das Gemüse separat gegart, es wird jedoch zum Schluss in den Mörser gegeben und darin mit der Paste vermischt. Lotek mentah wird mit rohem Gemüse serviert. Obwohl ich selbst kein besonders großer Anhänger rein vegetarischer Küche bin, könnte ich hier immer wieder essen.

Das *Bakmi Pele* öffnet erst nachmittags (u. a. Jalan Pojok Tenggara Alun-Alun Utara, Panembahan, Yogyakarta; Öffnungszeiten: 16:00 – 23:00 Uhr; Spezialitäten: Nudelgerichte). Da wir sehr früh vor Ort waren, konnten wir dabei zusehen, wie die Gerichte für den Abend vorbereitet wurden. Es hat nicht nur mir, sondern vor allem auch der Expertin Jenny großen Spaß gemacht, zu beobachten wie Hähnchen, Nudeln, Reis, Gemüse, Chili und weitere Gewürze ihren Weg in die entsprechenden Speisen finden. Seit 1970 gibt es das *Bakmi Pele*, das neben seinen kulinarischen Spezialitäten zwei weitere Besonderheiten aufweist. Da ist zum einen der Name, denn *Bakmi Pele* ist tatsächlich auf den brasilianischen Fußballstar Pele zurückzuführen. Der Gründer Pak Suharjiman war in jungen Jahren selbst begeisterter Fußballspieler und wollte seinem Idol ein Denkmal setzen. So nannte er seinen Nudelwagen *Bakmi Pele*. Zum anderen verkauft Pak Suharjiman seine Gerichte immer noch an einem Stand auf zwei Rädern. Die Gäste können sich heute jedoch auf Bambusmatten oder niedrigen Bänken niederlassen. Mittlerweile betreibt Pak Suharjiman mit seinen Söhnen mehrere „Zwei-Räder-Filialen", die sich alle in und um Yogyakarta befinden.

Betreiber von Garküchen sind meist ganze Familien und alle helfen mit. Angestellte gibt es nur in den größeren Restaurants. Üblicherweise werden das Wissen und die Garküche der Eltern an die Kinder weitergegeben, die allerdings nicht gefragt werden, ob sie das wollen oder nicht. In Indonesien ist es auch heute oft noch so, dass man als Kind nicht gefragt wird – und aus Respekt vor den Eltern auch keinen Widerspruch einlegt.

LOTEK TETEG
Jalan Argolubang 184
Gang Delima, Baciro
Yogyakarta
Öffnungszeiten:
9:00 – 16:30 Uhr

Gado gado

GEMÜSE MIT ERDNUSSSAUCE

Gado gado ist überall in den Angeboten der Straßenküchen oder Restaurants zu finden. Es ist eines der bekanntesten vegetarischen Gerichte Indonesiens, das kalt oder warm zu Reis serviert wird.

FÜR 4 PORTIONEN

300 g festkochende Kartoffeln
2 frische Maiskolben, ersatz-
    weise 1 kleine Dose Maiskör-
    ner (300 g)
300 g Spargelbohnen, ersatz-
    weise grüne Bohnen
250 g Eisbergsalat
200 g Mungbohnensprossen
Salz
Öl zum Frittieren
400 g fester Tofu (s. S. 15)
4 Eier, hart gekocht

ERDNUSSSAUCE

1 Chilischote (s. S. 21)
2 Knoblauchzehen
2 Schalotten
2 EL Öl
150 g Erdnussbutter
    (Pindakaas, s. S. 13)
100 ml Kokosmilch
200 ml Wasser
1 EL Zitronensaft
Salz
Palmzucker (s. S. 15),
    nach Geschmack
2 EL helle Röstzwiebeln
    (Bawang goreng, s. S. 13)
Krabbenchips (Krupuk, s. S. 15),
    nach Geschmack

_ Kartoffeln waschen und etwa 25 Minuten in Wasser weichkochen.

_ In der Zwischenzeit frische Maiskolben von Blättern und Fäden befreien. In kochendem Salzwasser ca. 20 Minuten garen.

_ Spargelbohnen putzen, waschen und in etwa 5 cm lange Stücke schneiden. In kochendem Salzwasser etwa zehn Minuten garen, gut abtropfen lassen.

_ Eisbergsalat putzen, waschen, gut abtropfen lassen und in schmale Streifen schneiden. Mungbohnensprossen waschen, in kochendem Wasser eine Minute blanchieren und abtropfen lassen.

_ Öl zum Frittieren auf etwa 170 °C erhitzen. Tofu quer in fünf dicke Scheiben schneiden und in dem heißen Öl goldbraun frittieren. Auf Küchenpapier abtropfen lassen. Tofu in Streifen schneiden.

_ Eier pellen und halbieren. Maiskörner mithilfe einer Gabel vom Strunk abstreifen. Pellkartoffeln häuten und in mundgerechte Stücke schneiden.

_ Für die Sauce Chili putzen, waschen und sehr fein hacken. Knoblauch und Schalotten schälen, ebenfalls fein hacken.

_ Öl in einem kleinen Topf erhitzen. Knoblauch und Schalotten darin anbraten. Erdnussbutter, Kokosmilch und Wasser zugießen, glattrühren und aufkochen. Mit Zitronensaft, Chili, Salz und Palmzucker abschmecken.

_ Gemüse, Tofu und Eier auf einer Platte anrichten und Erdnusssauce darauf verteilen. Mit Röstzwiebeln bestreuen und Krupuk dazu servieren.

BAKMI PELE
u. a. Jalan Pojok Tenggara
Alun-Alun Utara,
Panembahan,
Yogyakarta
Öffnungszeiten:
16:00 – 23:00 Uhr

Mie kuah Jawa

JAVANISCHER NUDELEINTOPF

Es werden die gleichen Nudeln wie bei Mie goreng Jawa (s. S. 40) verwendet. Die selbstgemachte Geflügelbrühe verwandelt diesen Nudeleintopf in ein köstliches Gericht, das mit Ei leicht gebunden wird.

FÜR 4 PORTIONEN

1 EL getrocknete Garnelen
   (s. S. 17)
250 g Hähnchenkeule oder
   1 Hähnchenbrust
Salz
1 l Wasser
300 g Weizennudeln mit Ei
   (Mie, s. S. 11)
1 Bund Frühlingszwiebeln
250 g Pak Choi
2 Tomaten
2 Schalotten
3 Knoblauchzehen
4 Lichtnüsse (Kemiri, s. S. 13)
4 grüne Chilischoten (s. S. 21)
3 EL Öl
1 EL Austernsauce
1 EL salzige Sojasauce
   (Kecap asin, s. S. 17)
Pfeffer, frisch gemahlen
4 EL Selleriegrün, gehackt
2 Eier
2 EL helle Röstzwiebeln
   (Bawang goreng, s. S. 13)

_ Getrocknete Garnelen in heißem Wasser einweichen. Hähnchenfleisch waschen und in leicht gesalzenem Wasser ca. 30 Minuten kochen.

_ In der Zwischenzeit Nudeln nach Packungsanweisung zubereiten und in einem Sieb abtropfen lassen.

_ Frühlingszwiebeln putzen, waschen und in Ringe schneiden. Pak Choi putzen, waschen und in Stücke schneiden. Tomaten waschen, achteln und Stielansätze entfernen. Schalotten schälen und in feine Scheiben schneiden.

_ Knoblauch schälen. Mit den abgetropften Garnelen, Lichtnüssen und 1 TL Salz in einem Mörser zu einer Paste zerdrücken.

_ Hähnchen aus der Brühe nehmen, das Fleisch gegebenenfalls vom Knochen lösen und in kleine Würfel schneiden. Brühe sowie Fleisch beiseitestellen.

_ Chilischoten waschen. Öl in einem Wok oder in einer hohen, großen Bratpfanne erhitzen. Schalotten darin anbraten. Knoblauchpaste dazugeben und mitbraten. Tomaten und Chilischoten hinzufügen. Austern- und Sojasauce zugießen und etwa zwei Minuten bei niedriger Hitze garen. Mit der beiseitegestellten Brühe ablöschen und aufkochen.

_ Nudeln und Hähnchenfleisch dazugeben, mit Salz und Pfeffer abschmecken. Pak Choi, Selleriegrün und Frühlingszwiebeln untermischen, kurz aufkochen. Zum Schluss verquirlte Eier unterrühren und den Wok sofort vom Herd ziehen.

_ Den Nudeleintopf mit Röstzwiebeln servieren.

Mittagessen mit Livemusik erlebten wir im *SGPC Bu Wiryo* (Jalan Argo CT VIII, Klebengan, Yogyakarta; Öffnungszeiten: 7:30 – 20:30 Uhr; Spezialitäten: Pecel und Suppe).

Das Ehepaar Suyati und Dario Wiryosunarto gründete sein kleines Unternehmen 1959. Damals wie heute werden die Gerichte direkt an der Straße verkauft. Es gibt einfache Tische und Stühle – und Livemusik. Die Stimmung hier ist ungewöhnlich für Indonesien, denn es gibt nur selten Garküchen, in denen täglich eine kleine Band bekannte nationale und internationale Popsongs zum Besten gibt. Wir fanden es großartig und den anderen Gästen gefällt es hier offenbar auch.

Was das Essen angeht, haben die Wiryosunartos neben einer Vielzahl an Rindfleischsuppen auch Pecel auf dem Programm stehen. Pecel ist ähnlich wie Gado gado (Seite 45), unterscheidet sich aber durch die Zusammensetzung der Gewürze und Gemüsesorten.

Wir besuchen das erste von mehreren Restaurants, das in seinem Namen das Wort Gudeg trägt. Das ist die Bezeichnung für eines der bekanntesten Gerichte in der Region Yogyakarta: *Gudeg Yu Djum* (Jalan Kaliurang KM 4,5, Yogyakarta; Öffnungszeiten: 5:00 – 19:00 Uhr; Spezialität: Gudeg).

Gudeg Yu Djum ist nicht nur ein Restaurant, bei uns würde man vielleicht von einer Restaurantkette sprechen, es ist vor allem eine Erfolgsstory. 1950 gegründet, wurde Gudeg dort anfänglich auf der Straße verkauft und man setzte sich mit seinem Essen einfach auf den Boden. Heute ist die „Zentrale" des *Gudeg Yu Djum* eine Art Großküche, um nicht zu sagen: ein Produktionsunternehmen. Von hier aus wird eine Vielzahl von Filialen beliefert. Zudem werden die Gerichte auf Fahrräder und Roller verladen und in die verzweigten Straßen Yogyas gebracht, um dort wie in den Anfängen verkauft zu werden.

Die Besitzer, die Familie Djuwariah, sind heute sehr erfolgreich und über Yogyakarta hinaus bekannt. Trotz ihrer Berühmtheit haben sie sich ihre Bescheidenheit bewahrt und ihre Freundlichkeit übertrifft unsere Erwartungen. Unangemeldet erläutern wir

vor Ort kurz unser Vorhaben und fragen vorsichtig an, ob wir einen Blick in die Küche werfen und vielleicht sogar Aufnahmen machen dürften. Natürlich dürfen wir! Ihre Antwort könnte man übersetzen mit: „Was für eine Frage." Einmal mehr beeindruckt mich die hier so selbstverständliche Gastfreundlichkeit und die Offenheit Fremden gegenüber.

Und was wir dann sehen, ist einfach nur großartig: Berge von Jackfrucht und Tofu, Säcke mit Reis und hunderte, wenn nicht tausende von Enteneiern und vor allem riesige Kochtöpfe, die auf Holzfeuern stehen. Gas- oder Elektro-Kochstellen sind hier nicht zu sehen. Die Atmosphäre ist unglaublich. Zwischen dem Dampf der großen Töpfe tummeln sich im schwachen, strahlenförmig einfallenden Sonnenlicht un-zählige Küchenhilfen. Es wird gerührt, geschnippelt, gekocht und geschlachtet. Und in dem ganzen Treiben spielen kleine Kinder. Wir kommen aus dem Staunen kaum mehr heraus. Die Kamera darf hier alles einfangen und es ist einfach wunderbar. Die Krönung kommt mit dem Essen, denn das Gudeg ist köstlich, wir genießen und sind überwältigt.

Um das Bild von *Gudeg Yu Djum* komplett zu machen, erklärt mir Jenny noch, dass „Yu" Fräulein bedeutet. Nun bin ich doch ein bisschen verwirrt. Das *Gudeg Yu Djum* als „Fräuleinwunder" zu bezeichnen, würde dann vielleicht doch ein bisschen zu weit führen …

Gudeg (Seite 54) besteht aus junger, hellfleischiger Jackfrucht, die über Stunden hinweg in Kokosmilch mit Schalotten, Knoblauch, Galgant, Koriander, Kaffirlimet-tenblättern, Lichtnüssen und Palmzucker gekocht wird. Serviert wird das Gudeg ganz traditionell auf einem Bananenblatt mit Reis, Hühnerfleisch, Tofu und mehreren hartgekochten Enteneiern. Junge Jackfrucht, deren Fleisch noch unreif, also hell und nicht süß ist, kann in Gemüsegerichten als Fleischersatz dienen, da Geschmack und Konsistenz an Geflügel erinnern.

SUP BIHUN DAN TAHU

REISNUDELSUPPE MIT TOFU

*Das ist auch eine tolle Suppe für Vegetarier! Anstelle der Hühnerbrühe
einfach Gemüsebrühe (s. S. 145) verwenden.*

FÜR 4 PORTIONEN

150 g Reisnudeln
  (Bihun, s. S. 11)
Öl zum Frittieren
200 g fester Tofu (s. S. 15)
150 g Weißkohl
Salz
2 Frühlingszwiebeln
2 Stängel Zitronengras (s. S. 18)
2 Knoblauchzehen
2 Schalotten
2 EL Öl
1 ¼ l Hühnerbrühe (s. S. 113)
1 TL Kurkumapulver (s. S. 18)
Pfeffer, frisch gemahlen
2 Eier, hart gekocht
2 EL helle Röstzwiebeln
  (Bawang goreng, s. S. 13)
Thai-Basilikum, einige Blättchen
  abgezupft, nach Geschmack
Sambal (s. S. 21),
  nach Geschmack

_ Reisnudeln nach Packungsanweisung zubereiten und in einem Sieb abtropfen lassen.

_ Öl zum Frittieren auf etwa 170 °C erhitzen. Tofu in Streifen schneiden und im heißen Öl goldbraun frittieren. Auf Küchenpapier abtropfen lassen.

_ Den Strunk vom Weißkohl herausschneiden, den Kohl waschen und in feine Streifen schneiden oder hobeln. In Salzwasser ca. drei Minuten blanchieren und gut abtropfen lassen.

_ Frühlingszwiebeln putzen, waschen und in Ringe schneiden. Zitronengras waschen, zuerst längs, dann quer halbieren und mit einem breiten Messer anquetschen. Knoblauch und Schalotten schälen und fein hacken.

_ Öl in einem Topf erhitzen. Knoblauch und Schalotten darin anbraten. Mit Hühnerbrühe ablöschen und aufkochen. Zitronengras und Kurkuma hinzufügen, ca. zehn Minuten kochen. Mit Salz und Pfeffer abschmecken.

_ Eier pellen und halbieren. Nudeln, Tofu, Weißkohl und Eihälften auf vier Schüsseln verteilen. Mit der kochendheißen Brühe übergießen. Frühlingszwiebeln und Röstzwiebeln darüber streuen. Nach Belieben mit Thai Basilikum und Sambal servieren.

SGPC BU WIRYO
Jalan Argo CT VIII,
Klebengan
Yogyakarta
Öffnungszeiten:
7:30 – 20:30 Uhr

GUDEG AYAM

JACKFRUCHT MIT HÄHNCHEN IN KOKOSMILCH

Dieses Gericht ist eine der Spezialitäten in Jawa Tengah (Zentraljava) und wird dort überall auf der Straße verkauft. Leider ist die beeindruckende Jackfrucht bei uns nur schwer zu bekommen. Die in Asialäden angebotenen Konserven sind eine Alternative. Auf Java wird junges Jackfruchtfleisch lange in Kokosmilch gekocht, um die Gewürze gut einziehen zu lassen.

FÜR 4 PORTIONEN

3 Knoblauchzehen
4 Schalotten
6 Lichtnüsse (Kemiri, s. S. 13)
ca. 40 g frischer Galgant
　(s. S. 18)
500 ml Wasser
1 EL Korianderpulver
4 Salamblätter (s. S. 19)
600 g junge, hellfleischige Jack-
　frucht (s. S. 51), ersatzweise
　TK-Qualität oder aus der Dose
4 Hähnchenkeulen oder -brüste
400 ml Kokosmilch
400 g fester Tofu (s. S. 15)
4 Enten- oder Hühnereier,
　hart gekocht
Salz
Pfeffer, frisch gemahlen
kleine grüne Chilischoten
　(s. S. 21), nach Geschmack

_ Knoblauch und Schalotten schälen und klein schneiden. Lichtnüsse dazugeben und alles mithilfe eines Pürierstabs zerkleinern.

_ Galgant waschen und in Scheiben schneiden. Mit Gewürzpaste, Wasser, Koriander und Salamblättern in einen Topf geben und aufkochen.

_ Jackfrucht in Stücke schneiden. Hähnchenteile waschen und trocken tupfen. Jackfrucht, Hähnchenteile und Kokosmilch zu den Gewürzen in den Topf geben und etwa eine Stunde bei niedriger Hitze köcheln lassen. Zwischendurch immer wieder umrühren.

_ Tofu in dicke Scheiben schneiden, Eier pellen. Beides zum Gemüse geben und weitere 30 Minuten bei niedriger Hitze köcheln lassen.

_ Mit Salz und Pfeffer abschmecken. Salamblätter entfernen und Eier halbieren. Nach Belieben mit grünen Chilis servieren.

GUDEG YU DJUM
Jalan Kaliurang KM 4, 5,
Yogyakarta
Öffnungszeiten:
5:00 – 19:00 Uhr

Neben den kulinarischen und politischen Besonderheiten verfügt die Provinz Yogyakarta (Provinz und Stadt tragen den gleichen Namen) auch über landschaftliche
und kulturelle Highlights. Hier ist der Vulkan *Merapi* zu erwähnen, um den sich
einige Mythen ranken. Der „Feuerberg" gehört bis heute zu den aktivsten Vulkanen
Indonesiens, hatte aber seine Aktivität während unserer Reise glücklicherweise un-
terbrochen. Und dann gibt es dort noch den *Candi Borobudur*.
Obwohl ich grundsätzlich lieber einen großen Bogen um touristische Attraktionen
mache, drängt mich Jenny zur Besichtigung des Borobudur-Tempels. Ein Muss! Der
Candi Borobudur ist die größte buddhistische Tempelanlage Indonesiens. Sie liegt
ca. 25 Kilometer nordwestlich von Yogyakarta und gehört seit 1991 zum UNESCO
Weltkulturerbe. Um ca. 800 erbaut, wurde der Tempel im Jahr 1006 von der Vul-
kanasche des Merapi und der daraufhin entstehenden Vegetation überwuchert. Er
geriet in Vergessenheit und kam erst im 19. Jahrhundert durch archäologische Aus-
grabungen wieder ans Tageslicht. Ich möchte diesen Besuch nicht missen und kann
ihn jedem Java-Reisenden nur wärmstens ans Herz legen.

Im *Gudeg Permata Bu Pujo* bekommt man eine Nummer (Jalan Gadjah Mada 2,
Yogyakarta, Öffnungszeiten: 21:00 – 01:00 Uhr, Spezialität: Gudeg). Hier darf man
nicht hingehen, wenn man großen Hunger oder nur wenig Zeit hat. Das Restaurant
ist sehr gut besucht. Die Gäste stellen sich geduldig an und warten, bis ihre Nummer
aufgerufen wird. Wir finden das ausgesprochen praktisch, denn so kommt es nicht zu
Rangeleien. Wir erhalten mit unserem Essen sogar einen Sitzplatz an einem schmalen
Holztisch. Viele Gäste sitzen einfach auf Bambusmatten am Straßenrand. Das Gudeg
schmeckt hier durch die Gewürzzusammensetzung anders als anderswo. Bu (Frau)
Pujo begann 1951, wie so viele ihrer Kollegen in der noch jungen Republik Indonesi-
en, ihre Gerichte in einer kleinen Garküche am Straßenrand zu verkaufen. Heute führt

ihre Tochter Wati das Geschäft, das über einen Raum mit Tischen und Stühlen verfügt. Ich kann nur immer wieder betonen, wie sehr mich diese kleinen Erfolgsgeschichten faszinieren, die auf Stolz, Ehrgeiz und familiärem Zusammenhalt basieren und das in einem Land, in dem das Leben der „kleinen Leute" nicht gerade einfach ist.

Eine weitere von vielen Gudeg-Garküchen ist das *Sentra Gudeg* (Jalan Widjilan, Yogyakarta; Öffnungszeiten: 24 Stunden durchgehend; Spezialität: Gudeg). *Sentra* bedeutet Zentrum und die Jalan Widjilan ist eine Straße mitten in Yogyakarta, die von einer Vielzahl von Gudeg-Garküchen gesäumt ist. Hier kann man auf der Straße rund um die Uhr Gudeg bekommen. Auch wenn viele der Garküchen nach 22:00 Uhr schließen, gibt es immer noch Adressen, die geöffnet haben, wie zum Beispiel das *Sentra Gudeg*.

In Yogyakarta, wie in ganz Indonesien, kann man nicht nur auf und an der Straße kleine und größere Mahlzeiten zu sich nehmen, auch die Märkte bieten Essbares an. Kleine Snacks und andere Leckereien gibt es hier neben vielem, was Nicht-Indonesiern kurios erscheint. Markt heißt auf Indonesisch *Pasar* und man kann es sich ganz leicht merken, denn es klingt ähnlich wie Bazar.

Auf dem *Pasar Sentul* (Jalan Sultan Agung 52, Yogyakarta) werden neben Lebensmitteln auch lebende Tiere verkauft. Hühner wie auch Lämmer und Ziegen finden sich im Angebot. Die Tiere werden dabei nicht nur in Augenschein genommen. Erst nach eingehender Prüfung der Ware wird verhandelt. Und nachdem das Geschäft abgeschlossen ist, geht der Käufer mit seinem noch lebenden Tier nach Hause.

Der *Pasar Beringharjo* (Jalan Pabringen 1, Yogyakarta), auf dem man Lebensmittel, Stoffe, Batik, Souvenirs und Kunsthandwerk erwerben kann, erscheint hingegen wie ein ganz normales Einkaufszentrum. Doch ein Besuch lohnt, denn an vielen Ständen kann man zuschauen, wie die Gegenstände hergestellt werden.

SURAKARTA (SOLO)

Wir nehmen Abschied von Yogyakarta und brechen im Morgengrauen auf – in den nächsten Stau. Von Yogyakarta nach Surakarta, das vor allem früher und vereinzelt noch heute Solo genannt wird, sind es gerade einmal 65 Kilometer. Die relativ kurze Strecke ist beeindruckend abwechslungsreich und führt vorbei an gerade glücklicherweise inaktiven Vulkanen, an Seen und an Feldern. Und überall wird am Straßenrand gehandelt. Es werden alle möglichen Dienstleistungen sowie Essen und Trinken angeboten. Ich bin auf unserem Motorrad wieder einmal ohne Mundschutz unterwegs und Jenny bittet mich mit einem Augenzwinkern, an meine Gesundheit zu denken. Doch meine Neugier siegt auch dieses Mal.

Das Straßennetz Indonesiens ist nicht so ausgebaut wie bei uns. Viele Ortschaften sind für unsere Verhältnisse nur einfache Ansammlungen von Hütten, die direkt am Rand der Hauptstraßen liegen. Das Leben ist hier im wahrsten Sinne des Wortes lebendig. Überall springen Kinder herum, laufen Hühner und Enten durch die Gegend, gerne auch mal über die Straße, was zu dem ein oder anderen unfreiwilligen Bremsmanöver führt. Sobald man jedoch diese Verkehrsadern verlässt und einen kleinen Seitenpfad einschlägt, landet man meist schnell inmitten von unendlichem, leuchtendem, fast knalligem Grün. Was für ein Anblick!

Sate kambing

ZIEGENFLEISCHSPIEßE MIT SOJASAUCE

Häufig auf der Straße angeboten, stillen die leckeren Spieße den kleinen Hunger, wenn man unterwegs ist. Dieses Gericht kann sehr gut mit Lammfleisch zubereitet werden, falls es schwierig sein sollte, Ziegenfleisch zu bekommen. Ziegenfleisch ist bei Ziegenbauern, ausgewählten Feinkosthändlern und bei einigen Bio-Metzgern erhältlich. Oder Sie bestellen es online und lassen es sich liefern.

FÜR 16 STÜCK

600 g Ziegenfleisch aus
    der Keule, ersatzweise
    Lammlachse
6 EL süße Sojasauce
    (Kecap manis, s. S. 17)
Pfeffer, frisch gemahlen
½ TL Korianderpulver
2 Schalotten
2 Tomaten
8 rote Chilischoten (s. S. 21)
1 EL Limettensaft
16 kleine Holzspieße, gewässert

_ Fleisch waschen, trocken tupfen und in ca. 3 cm große Würfel schneiden. Mit der Hälfte der Sojasauce, ½ TL Pfeffer und Koriander gut vermischen und darin marinieren.

_ In der Zwischenzeit Schalotten schälen und in Scheiben schneiden. Tomaten waschen, Stielansätze entfernen und die Tomaten in dicke Scheiben schneiden. Chilischoten waschen.

_ Drei bis vier Fleischstücke auf die Spieße stecken. Auf dem vorgeheizten Grill unter Wenden etwa sechs Minuten grillen.

_ Die restliche Sojasauce mit ½ TL Pfeffer und Limettensaft verrühren.

_ Gegarte Fleischspieße mit der Sauce, halbierten Tomatenscheiben und Chilis nach Geschmack servieren.

sate ayam kelapa

HÄHNCHENSPIEßE MIT KOKOSNUSS

Diese Spieße werden mit geriebener, gerösteter Kokosnuss statt der bekannten Erdnusssauce serviert.

FÜR 20 STÜCK

5 Schalotten
2 Knoblauchzehen
1 TL Salz
½ TL Pfeffer, frisch gemahlen
1 TL Kurkumapulver
1 TL Korianderpulver
600 g Hähnchenbrustfilets
200 g frisches Kokosnussfleisch, gerieben
20 kleine Holzspieße, gewässert
4 rote Chilischoten (s. S. 21)

_ Drei Schalotten und den Knoblauch schälen und grob hacken. Mit Salz, Pfeffer, Kurkuma und Koriander in einem Mörser zu einer feinen Paste zerdrücken.
_ Hähnchenfleisch waschen, trocken tupfen und in ca. 3 cm große Würfel schneiden. Mit Gewürzpaste und einem Drittel der Kokosnuss gründlich mischen.
_ Die übrige Kokosnuss ohne Fett in einer Bratpfanne unter Rühren goldgelb anrösten.
_ Drei bis vier Fleischwürfel auf die Holzspieße stecken. Auf dem vorgeheizten Grill unter Wenden etwa sechs Minuten garen.
_ Restliche Schalotten schälen und in Scheiben schneiden. Chilischoten waschen und in Ringe schneiden. Fleischspieße mit Schalotten, Chilis und gerösteter Kokosnuss servieren.

Es campur

GEMISCHTE FRÜCHTE MIT ROSENSIRUP

Es campur kann man mit allen saisonalen Früchten zubereiten, die gerade auf dem Markt angeboten werden. Es ist ein Erlebnis, den Straßenverkäufern bei der flinken Zubereitung zuzuschauen!

FÜR 4 PORTIONEN

1 reife Mango
½ Granatapfel
1 reife Avocado
150 g frisches, weiches
  Kokosnussfleisch, in Streifen
  gehobelt (siehe Tipp)
4 Tassen Crushed Ice
4 EL Rosensirup
4 EL gesüßte Kondensmilch

_ Mango schälen, das Fruchtfleisch vom Stein schneiden und würfeln. Granatapfelkerne aus der Schale lösen, die weißen Zwischenhäutchen entfernen. Avocado halbieren, Kern herausnehmen und das Fruchtfleisch mit einem Löffel aus der Schale lösen und etwas zerkleinern.
_ Alle Zutaten mit Kokosstreifen auf vier Schüsseln verteilen. Crushed Ice darübergeben und mit Rosensirup und Kondensmilch beträufeln.

➝ **TIPP**

Diese Kokosnussstreifen gibt es in Asialäden auch als TK-Ware (frozen young coconut strips). Für das Rezept entsprechend auftauen lassen, bei Bedarf zerkleinern und dazugeben.
Die weichen Kokosnussstreifen werden auch in Dosen angeboten. Die in Europa erhältlichen frischen Kokosnüsse sind entweder zu jung (Trinkkokosnüsse, die nur eine dünne, geleeartige Fleischschicht besitzen) oder zu alt (Kokosfleisch zu hart, es kann nur noch geraspelt, aber nicht mehr in Streifen gehobelt werden).

Sate lilit ayam

HÄHNCHENHACKSPIEßE MIT KOKOSNUSS

Sate lilit ist eigentlich eine typisch balinesische Speise.
Diese Sate lilit haben wir aber bei einem Straßenhändler auf Java gegessen.
Es gibt Variationen des Gerichts, z. B. mal mit Fisch oder Schweinefleisch.
Sie werden alle mit denselben Gewürzen zubereitet.

FÜR 16 STÜCK

3 Schalotten
2 Knoblauchzehen
ca. 30 g frischer Galgant
  (s. S. 18)
ca. 30 g Ingwer
2 Stängel Zitronengras
1 TL Korianderpulver
½ TL Kreuzkümmelpulver
½ TL Garnelenpaste
  (Terasi, s. S. 17)
½ TL Pfeffer, frisch gemahlen
1 TL Salz
2 rote Chilischoten (s. S. 21)
300 g Hähnchenbrustfilets
150 g frisches Kokosnussfleisch,
  gerieben
1 EL Speisestärke
16 breite Holzspieße, gewässert

_ Schalotten und Knoblauch schälen. Galgant und Ingwer schälen und grob hacken. Zitronengras putzen, die harten äußeren Blätter entfernen. Das zarte Innere fein hacken.

_ Schalotten, Knoblauch, Ingwer und Galgant mit Koriander, Kreuzkümmel, Garnelenpaste, Zitronengras, Pfeffer und Salz in einem Mörser zu einer feinen Paste zerdrücken.

_ Chilischoten putzen, waschen und kleinhacken. Hähnchenfleisch waschen, trocken tupfen und zu Hackfleisch verarbeiten. Mit der Paste, Chilischoten, Kokos und Stärke gründlich verkneten. In 16 Portionen aufteilen.

_ Jeden Spieß mit einer Portion Fleischmasse umhüllen, glatt formen und fest andrücken. Auf dem vorgeheizten Grill unter Wenden ca. sechs Minuten garen.

_ Mit einem Sambal (s. S. 78 ff) nach Wahl servieren.

Jennys Schwager, Bonny, der uns auf der ersten Reiseetappe im Auto begleitet, erklärt mir viel über das Leben auf Java und wie hier jeder versucht, über die Runden zu kommen. Da es im ländlichen Raum keine Supermärkte nach westlichem Muster gibt, verkaufen viele Bauern ihre Produkte entweder direkt am Straßenrand oder auf einem der zahllosen Märkte. Jene, die kein Land haben, verkaufen zum Beispiel etwas hier günstig Erworbenes einfach mit einem kleinen Aufschlag weiter. So hat jeder etwas davon.

Surakarta gehört neben Yogyakarta zu den Städten, in denen die Kunst und Kultur Javas noch die höchste Wertschätzung erfahren. Es gilt als Handelsplatz für Batik und ist gleichzeitig der Marktplatz für Reis, Zuckerrohr, Maniok, Getreide und alles, was die fruchtbare Region um die Stadt zu bieten hat. Auch diesen Ort, an dem die niederländische Kolonialgeschichte an vielen Stellen noch zu sehen ist, erkunden wir zu Fuß und auf zwei Rädern. Interessant ist, dass es in dieser 600.000-Einwohner-Metropole noch relativ viele Heiler gibt, die die traditionelle javanische Medizin *Jamu* praktizieren. Zum Glück geht es uns aber so gut, so dass wir weder auf moderne noch auf traditionelle Medizin zurückgreifen müssen.

In Surakarta lernen wir in der ersten von uns besuchten Garküche auch Nachhaltigkeit auf Indonesisch kennen. Im *Soto Gerabah* (Jalan Soepomo 57, Surakarta; Öffnungszeiten: 7:00 – 20:00 Uhr; Spezialität: Hühnersuppe) sind Teller, Schüsseln und Becher aus Ton, das Besteck ist aus Bambus und das Mobiliar besteht ebenfalls aus Bambus und aus Holz. Plastik gibt es hier nicht.

Der Besitzer des *Soto Gerabah*, Pak Hari Wiryawan, eröffnete das Restaurant 2007 und bietet hier vor allem Soto ayam (Seite 70) an, das ist Hühnersuppe in verschiedenen Variationen. Die interessanteste ist für uns die mit Zitronengras.

Ursprünglich hatten wir das *Soto Gerabah* gar nicht auf unserem Plan stehen, doch das Restaurant sah schon von außen so ungewöhnlich interessant aus, dass wir uns spontan zu einer Einkehr entschlossen. Aufgrund der Behaglichkeit und nicht zuletzt wegen der Gaumenfreuden erwähnen wir es. Hier passt einfach alles zusammen.

Serabi Notosuman Lidia (Jalan Moh. Yamin 28, Surakarta; Öffnungszeiten: 4:00 – 18:00 Uhr; Spezialitäten: Kuchen und Pfannkuchen) leitet seinen Namen von Serabi (Seite 73) ab. Serabi ähnelt einem kleinen Pfannkuchen, der aus Reismehl, Kokosmilch und Zucker besteht und in einem kleinen Wok zubereitet wird. Dadurch wird der Rand dünn und knusprig und die Mitte bleibt dick und saftig. Diese kleinen Crêpes nimmt man in Indonesien gerne in einem Karton mit nach Hause, um sie dort zu essen. Ähnlich wie bei Gudeg (Seite 54) handelt es sich bei Serabi um eine – in diesem Fall süße – Spezialität Zentraljavas.

Serabi Notosuman Lidia existiert bereits seit 1923. Seit 1990 betreibt die Enkelin der Gründerin Ibu (Frau) Lidiawati das Geschäft, mittlerweile mit mehreren Filialen in und um Surakarta. Ibu Lidiawati hat uns so freundlich empfangen und das Essen war so gut, dass wir meinen: Wer Serabi probieren möchte, sollte es auf jeden Fall bei ihr tun.

Soto ayam

HÜHNERSUPPE MIT ZITRONENGRAS

Das ist sozusagen die Lieblingssuppe der Nation! Es gibt sie Tag und Nacht in verschiedensten Variationen, wahlweise mit Kokosmilch, Kurkuma oder Bohnenpaste.

FÜR 4 PORTIONEN

30 g frischer Ingwer
ca. 40 g frischer Galgant
  (s. S. 18)
3 Stängel Zitronengras
1 Hähnchenbrust mit Knochen
Salz
1 ½ l Wasser
2 Salamblätter (s. S. 19)
3 Kaffirlimettenblätter (s. S. 18)
100 g Glasnudeln (Soun, s. S. 11)
100 g Mungbohnensprossen
2 Frühlingszwiebeln
2 Stangen Staudensellerie,
  Sellerieblätter abgezupft
2 Knoblauchzehen
2 Schalotten
2 EL Öl
Pfeffer, frisch gemahlen
1 TL Kurkumapulver
1 EL Limettensaft
2 EL helle Röstzwiebeln
  (Bawang goreng, s. S. 13)
einige Limettenscheiben, nach
  Geschmack

_ Ingwer und Galgant schälen, beides in Scheiben schneiden. Zitronengras waschen, zuerst längs, dann quer halbieren und mit einem breiten Messer anquetschen.

_ Hähnchenbrust waschen und in leicht gesalzenem Wasser mit Salamblättern, Kaffirlimettenblättern, Ingwer, Galgant und Zitronengras etwa 30 Minuten kochen.

_ Glasnudeln in heißem Wasser einweichen. Mungbohnensprossen waschen und abtropfen lassen. Frühlingszwiebeln putzen, waschen und in Ringe schneiden. Sellerieblätter waschen und fein hacken (Selleriestangen anderweitig verwenden). Knoblauch und Schalotten schälen, beides klein hacken.

_ Fleisch aus der Brühe heben und abkühlen lassen. Gewürze aus der Hühnerbrühe entfernen.

_ Öl in einem Topf erhitzen. Knoblauch und Schalotten darin anbraten. Mit der Hühnerbrühe ablöschen und aufkochen. Mit Salz, Pfeffer, Kurkuma und Limettensaft abschmecken.

_ Fleisch vom Knochen lösen, in Streifen teilen oder zupfen. Glasnudeln gut abtropfen lassen.

_ Glasnudeln, Hähnchenfleisch und Mungbohnensprossen auf vier Schüsseln verteilen. Mit kochendheißer Brühe übergießen. Frühlingszwiebeln, Selleriegrün und Röstzwiebeln darüber streuen. Nach Belieben mit Limettenscheiben servieren.

SOTO GERABAH
Jalan Soepomo 57
Surakarta
Öffnungszeiten:
7:00 – 20:00 Uhr

SERABI
NOTOSUMAN LIDIA
Jalan Moh. Yamin 28
Surakarta
Öffnungszeiten:
4:00 – 18:00 Uhr

KOKOSMILCHCRÊPES

Serabi werden auf Java auch Kue ape genannt. Sie werden in einem kleinen Wok zubereitet, was am besten auf einem Gasherd oder über einer offenen Flamme gelingt. Die Zubereitung bedarf einiger Übung, aber es lohnt sich.

150 g feines Reismehl
75 g Weizenmehl, Type 405
75 g Rohrohrzucker
½ TL Salz
½ TL Backpulver
300 ml Wasser
100 ml Kokosmilch
Schokostreusel
Öl zum Braten

_ Reismehl, Mehl, Zucker, Salz und Backpulver vermischen. Unter Rühren nach und nach Wasser sowie Kokosmilch dazugeben. Teig glattrühren und etwa 30 Minuten ruhen lassen.

_ Einen kleinen Wok (Ø 20 cm) mit Öl einpinseln und erhitzen. Kleine Teigportionen in den Wok gießen und so schwenken, dass es einen dünnen Teigrand und in der Mitte einen dickeren Teig ergibt. Mit Schokostreuseln bestreuen und einen Deckel auflegen. Bei niedriger Hitze so lange backen, bis der Teigrand knusprig und die dickere Mitte durchgegart, aber noch leicht cremig ist.

→ TIPP

Wer keinen kleinen Wok besitzt, kann das Rezept auch in einem großen Wok oder in einer kleinen, beschichteten Pfanne mit hohem Rand zubereiten. Dabei gut schwenken, damit der Rand schön knusprig wird.

BEBEK GORENG

KNUSPRIGE GEWÜRZENTE MIT SAMBAL

Die Ente wird zunächst in Salzwasser mit Gewürzen gekocht, dabei wird das Fett reduziert und der Geschmack der Gewürze geht in das Fleisch über. Danach wird sie in heißem Öl knusprig frittiert.

FÜR 4 PORTIONEN

SAMBAL

2 Knoblauchzehen
3 rote Chilischoten (s. S. 21)
5 rote Gewürzpaprika (s. S. 21)
½ TL Salz
½ TL Zucker
2 EL Öl

ENTE

5 Schalotten
3 Knoblauchzehen
1 Stück Ingwer, ca. 4 cm
4 Lichtnüsse (Kemiri, s. S. 13)
1 TL Kurkumapulver
1 TL Korianderpulver
Salz
1 kleine Ente (2–2½ kg),
   küchenfertig
3 Stängel Zitronengras
2 Salamblätter (s. S. 19)
4 Kaffirlimettenblätter (s. S. 18)
Öl zum Frittieren
½ Salatgurke, geschält
½ Bund Thai-Basilikum

_ Für das Sambal Knoblauch schälen und grob hacken. Chilischoten und Gewürzpaprika putzen, waschen und grob hacken. Knoblauch, Chili, Gewürzpaprika, Salz und Zucker in einem Mörser zerkleinern. Öl daruntermischen.

_ Für die Ente Schalotten, Knoblauch und Ingwer schälen. In einem Mörser aus Schalotten, Knoblauch, Lichtnüssen, Kurkuma, Ingwer, Koriander und 1 TL Salz eine feine Paste herstellen.

_ Ente waschen, trocken tupfen und in acht Teile schneiden. Mit der Paste gründlich einreiben und marinieren.

_ Zitronengras waschen, zuerst längs, dann quer halbieren und mit einem breiten Messer anquetschen.

_ Ententeile in kochendem Salzwasser mit Salamblättern, Zitronengras und Kaffirlimettenblättern etwa eineinviertel Stunden bei niedriger Hitze und aufgelegtem Deckel köcheln lassen. Die Ententeile mit einem Schaumlöffel herausnehmen, auf Küchenpapier abtropfen und abkühlen lassen.

_ Öl zum Frittieren auf etwa 170 °C erhitzen. Darin die Ententeile portionsweise goldbraun knusprig ausbacken.

_ Ente mit Sambal servieren. Nach Belieben mit Gurkenscheiben und Thai-Basilikum anrichten.

BEBEK GORENG
H. SLAMET
Jalan Bayangkhara 39 B
Tipes
Öffnungszeiten:
10:00 – 22:00 Uhr

Eine weitere Erfolgsgeschichte erleben wir im *Bebek Goreng H. Slamet* (Jalan Bayangkhara 39 B, Tipes; Öffnungszeiten: 10:00 – 22:00 Uhr; Spezialität: knusprige Ente). Auch Pak Slamet zog ab 1986 gemeinsam mit seiner Frau mit einem kleinen Küchenwagen durch die Straßen Surakartas. Heute besitzt er 40 (!) Filialen auf Java und Bali. Die Spezialität bei Familie Slamet ist knusprige Ente – Bebek goreng (Seite 74).

Die Ente wird zuerst mit vielen Gewürzen gekocht und wieder abgekühlt. Danach frittiert man sie in siedendem Öl. Doch das ist nur ein Teil des Erfolgsrezepts, denn dazu werden Reis, Salat und vor allem Sambal korek (Seite 76) gereicht. Vorsicht: sehr scharf! Eine Zunge, die Schärfe nicht gewohnt ist, verträgt kein Sambal korek. Es gibt auch weniger scharfe Sambals. So versprach Jenny, in diesem Buch ein nicht ganz so scharfes, aber ebenso köstliches Sambal-Rezept vorzustellen. Dies gelingt zum Beispiel, indem man statt der in Indonesien üblichen Chilischoten die etwas milderen Gewürzpaprika (s. S. 21) verwendet. Scharf ist es dann immer noch, doch zwischen scharf und scharf gibt es besonders in der indonesischen Küche große Unterschiede.

An dieser Stelle möchten wir einen ganz kleinen Ausflug in die Welt der Sambals machen. In Europa kennt man vor allem Sambal oelek. Die Grundlage dafür sind Chilischoten und Salz. Sambal oelek ist nur eines von einer Unmenge an Sambals, die man in Indonesien kennt und die quasi als Lebenselixier dienen. Die Basis für die Sambals, die zu jeder – und damit meine ich wirklich jeder – Mahlzeit gehören, bilden immer Chili- oder Gewürzpaprikaschoten. Sambal kann kalt oder warm hergestellt werden, sie können hinsichtlich Tomaten, Knoblauch, Zwiebeln und Gewürzen variieren und es gibt sie mit mehr oder weniger Schärfe. In Indonesien kann man Sambalsüchtig werden und es ist vor Ort kaum vorstellbar, wie man Gerichte danach jemals wieder ohne Sambal essen kann.

Nasi Liwet Wongso Lemu (Jalan Teuku Umar, Stadtteil Keprabon; Öffnungszeiten: 17:00 – 1:00 Uhr; Spezialität: Reisgerichte) führt im Namen bereits das Hauptgericht. Nasi liwet ist in Kokosmilch gekochter Reis, der mit Hähnchen, Chayote und Ei auf einem Bananenblatt serviert wird. Chayote, eine birnenförmige oder runde Frucht, ist mit Gurke und Zucchini verwandt. Ihre Schale ist teilweise gefurcht und runzlig.

1950 hat Ibu Wongso ihr kleines Geschäft eröffnet und in meinen Augen nicht nur eine Erfolgs-, sondern auch eine Frauenstory geschrieben. Heute betreibt sie mit ihren Töchtern drei Filialen in derselben Straße.

Alle Angestellten des *Nasi Liwet Wongso Lemu* sind Frauen und sie tragen allesamt die traditionelle javanische Kleidung. Dazu gehört der *Kain*, der typische enge Batik-wickelrock, der bei uns fälschlicherweise als Sarong bezeichnet wird, und die *Kebaya*, eine mehr oder weniger eng anliegende, langärmlige Bluse. Der ästhetische Anblick der Damen unterstreicht die Ästhetik der Speisen, die man hier auf dem Boden oder auf niedrigen Bänken bei traditionell javanischer Musik zu sich nimmt.

Im *Sate Haji Bejo* (Jalan Sebakung 10, Lojiwetan, Surakarta; Öffnungszeiten: 7:00 – 13:00 Uhr; Spezialität: Ziegenfleischspieße) speist auch schon mal der derzeitige indonesische Präsident Joko Widodo. Außer ihm kann man hier noch andere hochrangige Politiker und Prominente antreffen.

Das *Sate Haji Bejo* gibt es seit 1971. Damals haben Pak und Ibu Bejo ihre Satés, das sind typisch indonesische Fleischspieße, noch von einem Wägelchen an der Straße verkauft. Am beliebtesten bei den Gästen ist bis heute Sate aus Ziegenfleisch. Im Restaurant gibt es mehrere Sorten aus gehacktem oder gewürfeltem Ziegenfleisch sowie aus den Innereien der Ziege. Verfeinert wird das Fleisch mit Schalotten, Knoblauch, Galgant, Ingwer, Koriander und Zitronengras. Uns erzählt der Koch, dass er für „sein" Sate nur junge Ziegen verwende, da sie ein besonders zartes Fleisch haben. Nachkochen kann man diese Köstlichkeit bei uns am ehesten mit Lammfleisch, da es leichter zu bekommen ist. Doch jedem, der Ziege mag, sei empfohlen entweder das *Sate Haji Bejo* zu besuchen oder das Rezept original mit Ziegenfleisch nachzukochen. Wir fanden es herrlich und können den Präsidenten sowie die anderen Prominenten verstehen, dass sie allzu gerne hier speisen.

SAMBAL MATAH

CHILIDIP MIT SCHALOTTEN UND ZITRONENGRAS

Diese scharfe Beilage ist eine der vielen Variationen von Sambal und wird zu fast jedem balinesischen Gericht serviert.

FÜR 4 PORTIONEN

5 Schalotten
2 Knoblauchzehen
2 rote Chilischoten (s. S. 21)
1 Stängel Zitronengras
2 Kaffirlimettenblätter (s. S. 18)
3 EL Öl
1 EL Limettensaft
Salz

_ Schalotten und Knoblauch schälen und in sehr feine Scheiben schneiden. Chilischoten putzen, waschen und in feine Ringe schneiden. Zitronengras putzen, waschen und die äußeren Blätter entfernen. Das weiße Innere sehr fein hacken. Kaffirlimettenblätter waschen und in sehr feine Streifen schneiden.
_ Alle Zutaten mit Öl und Limettensaft vermischen, mit Salz abschmecken.

SAMBAL KOREK

CHILIPASTE MIT KNOBLAUCH

Das Originalrezept dieses Sambals ist sehr scharf und nur für geübte Scharf-Esser verträglich. Die Schärfe wird ein wenig genommen, wenn einige Chilis durch die etwas milderen Gewürzpaprika ersetzt werden.

FÜR 4 PORTIONEN

12 rote Chilischoten (s. S. 21)
2 Knoblauchzehen
Salz
1 TL Rohrohrzucker
3 EL Öl

_ Chilischoten putzen, waschen und sehr fein hacken. Knoblauch schälen, ebenfalls fein hacken.
_ Knoblauch, Chili, Salz und Zucker vermischen. Öl erhitzen, unter die Chili-Knoblauch-Mischung rühren und servieren.

Sambal jeruk

CHILIPASTE MIT LIMETTENSAFT

Das aromatische Sambal jeruk passt mit seinem frischen Limettengeschmack sehr gut zu Gerichten mit Fischen und Meeresfrüchten.

FÜR 4 PORTIONEN

2 rote Chilischoten (s. S. 21)
50 g rote Gewürzpaprika
 (s. S. 21)
1 Knoblauchzehe
2 Schalotten
Salz
1–2 EL Limettensaft
1 TL feiner Palmzucker (s. S. 15)

_ Chilischoten und Gewürzpaprika putzen, waschen und grob schneiden. Knoblauch und Schalotten schälen und hacken. Alle Zutaten mit einem Pürierstab vorsichtig zerkleinern, die Masse darf nicht musartig werden.
_ Mit Salz, Limettensaft und Palmzucker abschmecken.

SATE HAJI BEJO
Jalan Sebakung 10
Lojiwetan, Surakarta
Öffnungszeiten:
7:00 – 13:00 Uhr

Sate buntel

ZIEGENHACKSPIESSE IM NETZ

Falls Sie keine breiten Bambusspieße bekommen, können Sie auch flache Metallspieße nehmen. Im Originalrezept wird ein Fettnetz von der Ziege verwendet. Sie müssen es beim Metzger vorbestellen oder es durch ein anderes (z.B. vom Schwein) ersetzen. Das Netz hält das Hackfleisch zusammen und verhindert ein Austrocknen.

FÜR 8 STÜCK

4 Schalotten
2 Knoblauchzehen
ca. 40 g frischer Galgant
  (s. S. 18)
ca. 40 g frischer Ingwer
2 Stängel Zitronengras
2 TL Korianderpulver
1 TL Kreuzkümmelpulver
½ TL Pfeffer, frisch
  gemahlen
1 TL Salz
800 g frisch durchgelas-
  senes Ziegenhackfleisch,
  ersatzweise Lammhack

3 EL süße Sojasauce
  (Kecap manis, s. S. 17)
1 EL Tamarindensaft
  (s. S. 18), ersatzweise
  1 EL Zitronensaft
8 Fettnetze, beim
  Metzger vorbestellen
8 breite Bambusspieße,
  gewässert

MARINADE

8 EL süße Sojasauce
  (Kecap manis, s. S. 17)
1 TL Pfeffer, frisch
  gemahlen

ZUM SERVIEREN

süße Sojasauce
  (Kecap manis, s. S. 17)
2–3 Tomaten, in Scheiben
  geschnitten, Stielansätze entfernt
kleine rote Chilischoten
  (s. S. 21), geputzt
3–4 Schalotten, geschält
  und in dünne Scheiben
  geschnitten

_ Schalotten, Knoblauch, Galgant und Ingwer schälen, alles grob hacken. Zitronengras putzen, die harten äußeren Blätter entfernen. Das zarte Innere fein hacken. Schalotten, Knoblauch, Galgant, Ingwer und Zitronengras mit Koriander, Kreuzkümmel, Pfeffer und Salz in einem Mörser zu einer feinen Paste zerdrücken.

_ Gewürzpaste mit Ziegenhack, Sojasauce und Tamarindensaft gründlich verkneten. In acht Portionen aufteilen. Jeden Spieß mit einer Portion Fleischmasse umhüllen, glatt formen und fest andrücken. Jeweils mit einem Fettnetz umwickeln.

_ Auf dem vorgeheizten Grill unter Wenden ca. zehn Minuten garen. Nach fünf Minuten mit einem Messer einschneiden. Während des Grillens immer wieder mit der Marinade bestreichen.

_ Mit Sojasauce, Tomaten, Chilis und Schalotten servieren.

Capcaï

WOK-GEMÜSE MIT GARNELEN

Ein großer Wok über glühender Holzkohle an der Straße und der Koch schwenkt seine Kelle hin und her. Das ist für mich ein immer wieder schön anzusehendes Bild. Im Wok werden diverse Gemüsesorten mit verschiedenen Fleischstreifen (Schwein, Rind und Hähnchen) gegart. Für Vegetarier gibt es Capcaï auch ohne Fleisch.

FÜR 4 PORTIONEN

250 g Möhren
200 g Zuckerschoten
250 g Blumenkohl
200 g junge Maiskolben
250 g Pak Choi
2 Zwiebeln
3 Frühlingszwiebeln
ca. 40 g frischer Ingwer
2 Knoblauchzehen
2 Schalotten
300 g Garnelen, Schale und
   Darm entfernt (bei TK-Qualität, aufgetaut)
3 EL Öl
1 EL Austernsauce
3 EL salzige Sojasauce (Kecap
   asin, s. S. 17)
Salz
Pfeffer, frisch gemahlen

_ Möhren putzen, waschen und in Scheiben schneiden. Zuckerschoten putzen und waschen. Blumenkohl putzen, waschen und in Röschen zerteilen, den dicken Strunk in kleine Stücke schneiden. Maiskolben waschen und längs halbieren. Pak Choi putzen, waschen und klein schneiden. Zwiebeln schälen und in Streifen schneiden. Frühlingszwiebeln putzen, waschen und in Ringe schneiden. Ingwer, Knoblauch und Schalotten schälen, jeweils fein hacken. Garnelen mit kaltem Wasser abspülen und abtropfen lassen.

_ Öl in einem Wok erhitzen. Ingwer, Knoblauch und Schalotten darin anbraten. Zuerst Möhren und Blumenkohl dazugeben und etwa drei Minuten mitbraten. Garnelen, Zuckerschoten, Maiskolben, Pak Choi, Zwiebeln und Frühlingszwiebeln hinzufügen und weitere fünf Minuten unter Rühren braten. Mit Austern- sowie Sojasauce, Salz und Pfeffer abschmecken.

Im Jahr 1969 eröffnete *R. M. Adem Ayem* (Jalan Slamet Riyadi 342, Surakarta; Öffnungszeiten: 6:00 – 22:00 Uhr; Spezialitäten: alles aus Surakarta). Dort wird fast die gesamte Bandbreite dessen angeboten, was die Region an Spezialitäten zu bieten hat. Im Gegensatz zu den sonst von uns besuchten Garküchen, findet man hier eine ausgesprochen große Auswahl an Speisen. Das haben wir gleich ausgenutzt und fast alles probiert. Am Ende konnten wir uns gar nicht entscheiden, welches der Gerichte denn nun besonders empfehlenswert ist. Alles, wäre zu einfach, und ein einzelnes Gericht herauszupicken, ungerecht den anderen Köstlichkeiten gegenüber.

Die Märkte, die wir in Surakarta aufgesucht haben und die aus unserer Sicht einen Besuch lohnen, sind *Pasar Gede* (Jalan Jendral Sudirman, Surakarta) und *Pasar Klewer* (Jalan Dr. Radjiman, Surakarta). Während sich der *Pasar Klewer* mehr oder weniger auf Batik und Bekleidung spezialisiert hat, bekommt man auf dem *Pasar Gede* auch Lebensmittel, Kunsthandwerk und Souvenirs.

Die großen Märkte in Indonesien sind häufig Nachtmärkte, die bereits um 3:00 Uhr beginnen und gegen 8:00 oder 9:00 Uhr morgens wieder schließen, wobei Lebensmittel und Dinge des täglichen Bedarfs auch über diese Zeit hinaus verkauft werden. Dort findet die Grundversorgung statt. Andere Märkte, die bereits gegen 17:00 Uhr öffnen, bieten häufig auch vorbereitetes Essen an. Hier findet man aufgrund der Hitze weniger verderbliche Lebensmittel. Auch diese Märkte würde man bei uns als Nachtmärkte bezeichnen, da sie selten vor Mitternacht schließen. Allen gemein ist ihre Lebendigkeit, die nicht im Chaos endet, sondern verhältnismäßig geordnet abläuft. Jeder, der hier unterwegs ist, scheint seinen Weg zu kennen. Und wieder sind es die Speisen und die Gerüche, die wir über alle Maße genießen.

JAWA TIMUR (OSTJAVA)

Von Surakarta aus geht es weiter in Richtung Bali. In der Hafenstadt Probolingo legen wir einen Zwischenstopp ein. Auch in Probolingo spürt man, dass sich das Leben auf der Straße abspielt. Und es ist nicht nur das Thema Streetfood, das uns fesselt. Indonesien ist das Land der kleinen Händler. Das bekommt man unterwegs noch mehr zu spüren, als in den großen Städten. Da wird an der Straße zum Beispiel Benzin in Flaschen verkauft. Das Tankstellennetz auf dem Land ist eher dünn und so ergibt sich die Gelegenheit zu einem kleinen Handel. Die Spritpreise sind staatlich reguliert und mit dem Verkauf von Benzin in Getränkeflaschen, das manchmal ein bisschen „verfeinert" ist, verdient der Händler nur ein paar Rupiah. Dennoch wird dieses Angebot, besonders von Zweiradfahrern mit ihren kleinen Mopeds dankbar angenommen. In winzigen Autowerkstätten, die es in jedem Dorf gibt, kann man sich zum Beispiel seinen kaputten Reifen flicken lassen. Bei uns bekäme man gleich einen neuen Reifen aufgedrängt, doch hier wird repariert.

Die Frau, die mit ihrer Nähmaschine am Straßenrand sitzt, näht neue und flickt alte Kleider. Würde sie in einem Haus oder einer Hütte sitzen, würde niemand ihr Angebot bemerken. So sieht man sie auf der Straße und beauftragt sie mit der Herstellung eines neuen Kleidungsstücks oder dem Ausbessern von Textilien. Der Bauer, der Tabak oder Kakao anbaut, trocknet seine Ernte gleich am Straßenrand und manchmal verkauft er sie dort auch.

Nun könnte man mit westeuropäischem Blick einwenden, dass alles doch etwas dreckig und schmuddelig sei. Das mag sein, doch es ist nicht „chemisch verunreinigt". Das liegt auch daran, dass oft das Geld für Düngemittel fehlt. Irgendwie hat man den Eindruck, dass hier trotz der aus unserer Sicht mangelnden Hygiene vieles „bio" ist. Hühner und Enten laufen frei herum, die Felder werden selten gespritzt.

Die in den Garküchen verwendeten Lebensmittel kommen größtenteils von den Bauern der Umgebung oder manchmal auch aus dem eigenen Garten.

Wir halten immer wieder an, um am Straßenrand unseren Durst mit grünen Kokosnüssen oder einem frisch gebrühten Tee zu stillen. Und auch hier gibt es überall Garküchen, die von ihren kleinen Wägelchen oder Mopeds aus frische Speisen anbieten. Die Strecken zwischen den großen Orten auf Java sind wie ein Trip durchs Paradies – nicht nur kulinarisch.

Die Fahrt an unserem letzten Tag auf Java geht von Probolingo nach Banyuwangi und übertrifft nochmals alles, was wir bisher landschaftlich erlebt hatten. Von uns aus gesehen links, also im Norden, liegt das tiefblaue Meer und rechts, im Süden, erblicken wir Vulkane, die immer wieder Wolken ausstoßen. Unser Weg führt durch Felder, die in leuchtendem Grün um die Wette strahlen. Wer sich die Zeit nimmt, von der Hauptstraße abzubiegen, kann sich schnell in der Schönheit der Landschaft verlieren. Da ich immer wieder zum Verweilen neige und Jennys Hinweis auf die Uhr wenig Beachtung schenke, erreichen wir Banyuwangi, beziehungsweise die Fähre nach Bali, in letzter Minute und mit hängender Zunge. Auf Bali wartet bereits unser Guide auf uns, doch dazu später mehr.

Beim Anblick der Fähre, die älter sein dürfte als unser Motorrad, überlege ich mir nur kurz, wie sicher sie wohl sein mag. Und dann denke ich daran, wie viele Jahre dieser alte, nach Diesel stinkende und vor Rost strotzende Stahlkoloss seine Dienste schon verrichtet und wie viele Menschen er über diese zweieinhalb Kilometer breite Meerenge gebracht hat. Da ich davon ausgehe, dass auch der Kapitän wieder heil hin- und herkommen möchte, besteigen wir die Fähre. Der Gedanke, dass das Schiff in irgendeiner Form nicht seetauglich sein könnte, verschwindet schnell wieder, denn Java schenkt uns bei ruhiger See zum Abschied einen atemberaubenden Sonnenuntergang hinter den Vulkanen.

Die meisten der auf der Bali-Straße eingesetzten Fähren befahren das Gewässer seit über 50 Jahren und pendeln täglich im Halbstundentakt.

CAKUEH

FRITTIERTES KNUSPRIGES HEFEGEBÄCK

Cakueh gibt es in Indonesien an jeder Straßenecke – als Snack mit Chilisauce oder als Beilage zur Reissuppe.

ERGIBT CA. 10 STÜCK

400 g Weizenmehl, Type 405
2 TL Trockenhefe
1 TL Backpulver
1 TL Salz
250 ml lauwarmes Wasser
Mehl zum Ausrollen
Öl zum Frittieren

ZUM DIPPEN
süß-saure Chilisauce
  aus der Flasche

_ Mehl, Trockenhefe, Backpulver und Salz gut vermischen. Nach und nach Wasser dazugeben und zu einem glatten Teig verkneten. Etwa eine halbe Stunde abgedeckt an einem zugfreien, warmen Ort ruhen lassen.

_ Den Teig erneut durchkneten. Auf einer bemehlter Arbeitsfläche zu einer ca. 30 cm langen Rolle formen, diese in zehn gleichgroße Stücke aufteilen.

_ Aus jedem Teigstück mit bemehlten Fingern einen ca. 15 cm langen und 2 cm breiten Streifen formen. Je zwei Teigstreifen übereinander legen. Mit einem Essstäbchen der Länge nach mittig in den Teig drücken, so dass beide Teigstreifen zusammenkleben.

_ Öl zum Frittieren auf etwas 170 °C erhitzen. Die Teigstücke darin goldbraun ausbacken und auf Küchenkrepp abtropfen lassen.

_ Mit süß-saurer Chilisauce servieren.

ES KELAPA DAN JERUK

KOKOS-ORANGEN-GETRÄNK

Kokosnüsse werden in Indonesien überall am Straßenrand verkauft. Es gibt sie das ganze Jahr. Kokoswasser ist ein toller Durstlöscher auf der Reise, dazu reich an Mineralstoffen und arm an Kalorien. Junges Kokosfleisch gibt es in Deutschland entweder frisch, tiefgekühlt oder als Konserve im Asialaden.

FÜR 4 PORTIONEN

300 g frisches, weiches Kokosnussfleisch, in Streifen gehobelt (s. S. 64, Tipp)
8 Saftorangen
4 EL Vanillesirup
4 Tassen Crushed Ice

_ Kokosfleisch abtropfen lassen. Orangen halbieren und auspressen, den Saft mit Vanillesirup mischen.
_ Crushed Ice in Gläser füllen. Kokosstreifen darauf verteilen und mit dem aromatisierten Orangensaft auffüllen.

Soun goreng ayam
GEBRATENE GLASNUDELN MIT HÄHNCHEN

Wie etliche andere Gerichte, die man auf der Straße bekommt, wird auch dieses meist im großen Wok zubereitet. Die mit Sojasauce gebratenen Glasnudeln gibt es mit verschiedenem Gemüse und Fleisch. Besonders typisch ist die folgende Zusammenstellung:

FÜR 4 PORTIONEN

300 g Glasnudeln
  (Soun, s. S. 11)
300 g Hähnchenbrustfilets
3 Frühlingszwiebeln
3 rote Gewürzpaprika (s. S. 21)
250 g Pak Choi
3 Knoblauchzehen
2 Schalotten
3 EL Öl
4 EL süße Sojasauce
  (Kecap manis, s. S. 17)
Salz
Pfeffer, frisch gemahlen

_ Glasnudeln in Wasser einweichen. Hähnchenbrustfilets kalt abspülen, trocken tupfen und in Streifen schneiden. Frühlingszwiebeln putzen, waschen und in Ringe schneiden. Gewürzpaprika putzen, waschen und in feine Ringe schneiden. Pak Choi putzen, waschen und in mundgerechte Stücke schneiden. Knoblauch und Schalotten schälen und in Scheiben schneiden.

_ Öl in einem Wok oder in einer Bratpfanne erhitzen. Knoblauch und Schalotten darin anbraten. Hähnchenbruststreifen dazugeben und mitbraten. Abgetropfte Glasnudeln, Pak Choi, Frühlingszwiebeln und Gewürzpaprika hinzufügen, unter Rühren etwa fünf Minuten braten. Mit Sojasauce, Salz und Pfeffer abschmecken.

Bali

Als wir die Küste Balis nach 30 Minuten erreichen, ist es bereits dunkel. Wir treffen unseren Guide Antonius Sutejo und übernachten dort. Gleich morgens fahren wir entlang der Südküste weiter durch die hügelige Landschaft in Richtung Ubud, dem kulturellen Zentrum Balis und unserem Ausgangspunkt für die nächsten Tage. Wir sind in der Zwischenzeit vom Motorrad in ein Auto umgestiegen, das auf Bali vorwiegend von Antonius gefahren wird. Für uns, die wir nun nicht mehr auf den Verkehr achten müssen, ergibt sich dadurch die Gelegenheit, noch mehr zu sehen. Natürlich lassen wir die Scheiben herunter. Auch hier wollen wir schließlich mit allen Sinnen genießen. Die geplante Route wird uns einmal fast um die gesamte Insel führen.

Während Java wie die meisten der indonesischen Inseln touristisch eher weniger berührt ist, ist Bali als Urlaubsziel sofort ein Begriff. Man hat beim Gedanken an diese Insel gleich Tempel, Tänzerinnen, Strand, Meer und strahlenden Sonnenschein vor Augen. Doch Bali ist mehr als das. Hier begegnet man zwei Sorten von Touristen: Das eine sind, wie wir sie nennen, Sport- und Spaßtouristen, die großen Wert auf Sandstrand, Surfen und Party legen. Man findet sie vorwiegend an Balis Südküste. Die anderen sind Kulturtouristen, die durchaus auch den Strand genießen, doch ihren Fokus stärker auf die einmalige Kultur dieser Insel richten. Diese trifft man vornehmlich in Ubud, einem Zentrum für Kunsthandwerk mit Holzschnitzereien, Steinmetzarbeiten, Gold- und Silberschmiedekunst sowie Musik und Tanz. Kulinarisch macht es, wie ich mit der Zeit feststellen werde, übrigens keinen Unterschied, ob man sich eher im Süden beim Partyvolk oder in der Mitte und im Norden bei den Ruhesuchenden sowie Kunst- und Kulturbegeisterten aufhält. Ich bin schon sehr gespannt auf das, was mich hier an Streetfood erwartet, denn das Leben auf Bali ist stark hinduistisch geprägt. Und so rechne ich mit anderen Speisen als auf Java mit seinem moslemischen Schwerpunkt. Gibt es hier womöglich Schweinefleisch zu essen? Wir werden sehen.

Überhaupt stellen wir neben unserer Neugier auf das Streetfood sehr schnell fest, dass die Religion auf Bali eine ausgesprochen große Rolle spielt. Böse Zungen behaupten, dass sich hier Arbeits- und Zeremonientage in etwa die Waage halten... Wir stolpern während unseres Aufenthalts nahezu täglich über und in hinduistische Feierlichkeiten. Das können Hochzeiten, Trauerfeiern, Leichenverbrennungen oder andere religiöse Anlässe sein. Die Zeremonien sind durch ihre Farbenpracht inzwischen zu einem großen touristischen Magnet geworden.

KWETIAW GORENG

GEBRATENE REISNUDELN MIT GARNELEN

*Die breiten Reisnudeln gelangten aus der chinesischen Küche
nach Indonesien. Auch Glasnudeln kamen durch die Chinesen ins Land.
Die ersten Einwanderer aus Südchina sind laut archäologischer
Funde bereits um 2500 v. Chr. auf der Insel nachzuweisen.*

FÜR 4 PORTIONEN

300 g breite Reisnudeln
1 Bund Frühlingszwiebeln
2 rote Gewürzpaprika (s. S. 21)
250 g Pak Choi
250 g Garnelen, Schale und
    Darm entfernt (bei TK-Qua-
    lität, aufgetaut)
250 g Mungbohnensprossen
2 Knoblauchzehen
2 Schalotten
3 EL Öl
4 EL süße Sojasoße
    (Kecap manis, s. S. 17)
2 EL salzige Sojasoße
    (Kecap asin, s. S. 17)
1 EL Sesamöl
Salz
Pfeffer, frisch gemahlen

_ Reisnudeln nach Packungsanweisung zubereiten und abtropfen lassen.

_ Frühlingszwiebeln putzen, waschen und in Ringe schneiden. Gewürzpaprika putzen, waschen und in dünne Ringe schneiden. Pak Choi putzen, waschen und in mundgerechte Stücke schneiden. Garnelen mit kaltem Wasser abbrausen und abtropfen lassen, ebenso die Mungbohnensprossen. Knoblauch und Schalotten schälen und fein hacken.

_ Öl in einer großen Bratpfanne erhitzen. Knoblauch und Schalotten darin anbraten, Garnelen hinzufügen. Frühlingszwiebeln, Gewürzpaprika und Pak Choi dazugeben und etwa drei Minuten weiterbraten. Reisnudeln und Mungbohnensprossen unter ständigem Rühren in die Pfanne geben. Nicht zu lange garen, damit das Gemüse bissfest und knackig bleibt.

_ Mit den Sojasaucen, Sesamöl, Salz und Pfeffer abschmecken und servieren.

Fuyunghai

HÄHNCHEN-GARNELEN-KÜCHLEIN MIT TOMATENSAUCE

Auch dieses Gericht hat seinen Ursprung in der chinesischen Küche.
Dort wird jedoch überwiegend Schweinefleisch verwendet. Moslems, die größte
Bevölkerungsgruppe Indonesiens, verwenden dafür Hähnchenfleisch.

FÜR 4 PORTIONEN

2 Zwiebeln
3 Knoblauchzehen
4 EL Öl
200 g Tomatenpüree
400 ml Gemüsebrühe (s. S. 145)
200 g Erbsen, TK-Qualität
  oder frisch ausgepalt
Essig
Zucker
4 EL Speisestärke
200 g Hähnchenbrustfilet
100 g Garnelen/Shrimps,
  ohne Schale (bei TK-Qualität,
  aufgetaut)
Salz
Pfeffer, frisch gemahlen
2 Frühlingszwiebeln
100 g Möhren
100 g Weißkohl
6 Eier
Öl zum Braten und Frittieren

_ Für die Sauce Zwiebeln schälen und in Streifen schneiden. Knoblauch schälen und fein hacken.
_ 2 EL Öl in einem Topf erhitzen, Zwiebeln und die Hälfte des Knoblauchs darin anbraten. Mit Brühe ablöschen und Tomatenpüree sowie Erbsen dazugeben. Mit Essig und Zucker süßsauer abschmecken. Etwa drei Minuten köcheln lassen. 2 EL Stärke mit 2 EL Wasser glattrühren, in die Sauce gießen, aufkochen und warm stellen.
_ Hähnchenbrust mit kaltem Wasser waschen, trocken tupfen und fein hacken.
_ Restliches Öl in einer Bratpfanne erhitzen. Übrigen Knoblauch darin anbraten. Hähnchenfleisch sowie Shrimps dazugeben und mitbraten. Mit Salz und Pfeffer abschmecken, dann herausnehmen und abkühlen lassen.
_ Frühlingszwiebeln putzen, waschen und fein schneiden. Möhren schälen und in feine Streifen schneiden. Weißkohl putzen, waschen und ebenfalls in feine Streifen schneiden.
_ Eier verquirlen und mit Fleischmischung, Frühlingszwiebeln, Gemüsestreifen und der restlichen Stärke verrühren. Mit Salz und Pfeffer abschmecken.
_ Öl zum Frittieren auf etwa 170 °C erhitzen. Mithilfe einer Suppenkelle portionweise im heißen Öl knusprig frittieren. Herausnehmen und auf Küchenpapier abtropfen lassen.
_ Die Küchlein mit der warmgestellten Sauce servieren.

Für mich eher ungewöhnlich sind die plötzlichen Straßensperrungen. Eine ganz private (!) Zeremonie kann hier einfach mal so zur Sperrung einer Durchgangsstraße führen. Man wird dann freundlich gebeten umzukehren und einen anderen Weg zu wählen, doch meistens halten wir einfach an. Und hier merke ich recht schnell, dass es gut ist, auch ohne Guide eine „Einheimische" dabeizuhaben, denn Jenny schafft es immer wieder sehr geschickt und freundlich zu fragen, ob wir schauen und fotografieren, die Zeremonie also begleiten dürfen. Etwas, das mir ohne ihr Beisein wohl verwehrt geblieben wäre. Wir gesellen uns zur Festgemeinschaft, dürfen mit ihnen sogar bis in den Tempel hinein und werden mehr als einmal Zeugen, wie die Gläubigen ihre Opfergaben darbringen und beten. Es ist eine ganz besondere Stimmung, die sich über der Zeremonie ausbreitet und die auch Nicht-Hindus sehr anrühren kann.

Auf unseren Guide Antonius, der uns auf Bali eine ganze Zeit lang begleitet und uns besondere Orte zeigt, sind wir durch die Vermittlung von Jennys Familie gestoßen. Er ist Student und finanziert mit dieser Tätigkeit sein Studium. Er lebt in einem kleinen Dorf auf einem Bauernhof in der Nähe von Ubud. Seinen Vermieter nennt er respektvoll *kakek*, was übersetzt Opa heißt. Dieser kleine Bauernhof ist mit Schweinen, Hühnern, Enten und dem Anbau von allem, was man zum täglichen Leben braucht, komplett autark. Antonius hat hier eine Menge über Landwirtschaft und Lebensmittel gelernt. Und auch ich lerne von Antonius und Opa, dass es zum Beispiel sogenannte Entenwirte gibt. Enten, die Opa besitzt, leiht er an die Eigentümer großer Reisfelder aus, um hier die Reste, die nicht geerntet wurden oder geerntet werden konnten, abzufressen und die Felder gleichzeitig zu düngen. Für Opa ist das ein einträgliches Geschäft nebenbei. Antonius erzählt uns aber nicht nur von Opa, er führt uns auch außerhalb der touristisch ausgetretenen Pfade, beispielsweise zu einer balinesischen Kindertanzschule.

Hier werden die Kinder schon sehr jung in die Riten ihrer Region und ihrer Religion eingeführt. Es ist goldig, wie sich die kleinen Jungs für ihren Auftritt im Halbdunkel selbst schminken. Etwas, was bei uns übereifrige Eltern oder Erzieher übernehmen würden, machen diese Kinder von klein auf einfach selbst. Da kommt kein Erziehungsberechtigter auf die Idee, sich einzumischen. Die den Vorbereitungen folgende Aufführung ist anmutig und in höchstem Maße bezaubernd. Dieses Highlight steht ein bisschen im Gegensatz zu dem, was zwei Mal wöchentlich im heiligen Tempel von Ubud, dem *Puri Agung Ubud*, geschieht. Dort handelt es sich um eine rein kommerzielle Veranstaltung. Auch wenn die dabei auftretenden Tänzerinnen und Tänzer ebenfalls sehr anmutig und hübsch anzusehen sind, fehlte mir persönlich ein bisschen der Zauber, den die Kinder bei ihrer Darbietung ausstrahlten.

Siomay goreng

KNUSPRIGE TEIGTASCHEN MIT FLEISCHFÜLLUNG

Als Snack für zwischendurch kann man die Teigtaschen auch vegetarisch zubereiten. Statt Fleisch verwendet man dann gehacktes Gemüse, das vorher gedünstet wurde. Auf unserer Reise sahen wir diese Snacks auch häufig als Pausenbrot bei den Schulkindern.

FÜR CA. 30 STÜCK

2 Knoblauchzehen
2 Frühlingszwiebeln
100 g Bambussprossen (s. S. 20)
250 g Hackfleisch vom
   Hähnchen oder Schwein
100 g Shrimps/Garnelen,
   ohne Schale (bei TK-Qualität,
   aufgetaut)
1 EL Sesamöl
1 Ei
100 g Tapiokamehl (s. S. 15)
Salz
Pfeffer, frisch gemahlen
ca. 30 TK-Wantan-Teigblätter,
   aufgetaut
Öl zum Frittieren
Chilisauce, nach Geschmack

_ Knoblauch schälen und fein hacken. Frühlingszwiebeln putzen, waschen und fein schneiden. Bambussprossen fein würfeln.
_ Hackfleisch, Shrimps, Knoblauch, Frühlingszwiebeln, Sesamöl, Bambus, Ei, Tapiokamehl, Salz und Pfeffer gut miteinander verkneten.
_ Öl zum Frittieren auf ca. 170 °C erhitzen. Etwa 1 EL Füllung auf je ein Wantan-Teigblatt setzen, die Ränder über der Füllung nach oben hin fest zusammendrücken, sodass es wie eine kleine Blüte aussieht. Im heißen Öl goldbraun frittieren.
_ Mit Chilisauce servieren.

UBUD

Von den Tänzern zurück auf die Straße: Unsere Tage in Ubud beginnen immer mit einem frühmorgendlichen Besuch auf dem *Pasar*, auf dem Frühmarkt *Pasar Pagi.* Wie bereits beschrieben muss man spätestens bis 8:00 Uhr früh hier gewesen sein, um noch etwas zu sehen, zu kaufen oder zu erleben. Zum Glück erkennt man vor Sonnenaufgang nicht immer alles, denn in der Dämmerung, wenn es leicht schummrig oder noch dunkel ist, bemerkt man den vorhandenen Unrat noch nicht. Es erinnert mich ein wenig an einen Besuch im nächtlichen St. Pauli bei mir in Hamburg. Die Dunkelheit verdeckt auch dort die Schattenseiten und die Faszination der nächtlichen Hektik kaschiert den Müll des geschäftigen Treibens. Der Markt in Ubud ist für uns einer *der* Plätze der Streetfoodkultur dieses Landes. Das Essen, das man kaufen kann, wird hier auch hergestellt und manchmal direkt vor Ort verspeist. Wir frühstücken gerne hier. Das, was wir frühmorgens schon zu uns nehmen, ist für den durchschnittlichen europäischen Magen ganz schön scharf, doch man gewöhnt sich mit der Zeit daran. Auch ich traue mich bereits zu dieser Tageszeit, aber immer noch vorsichtig, an die entsprechend scharf gewürzten und zubereiteten Gerichte. Ein Frühstück mit Brot, Käse, Wurst, Eiern und Marmelade, wie wir es in Deutschland kennen, gibt es hier nicht. Man isst Suppe oder ein Reis- oder Nudelgericht, manchmal auch das Gleiche morgens, mittags und abends.

Auf dem Markt in Ubud erleben wir eine einzige pulsierende Masse, die damit beschäftigt ist, zu handeln, zu kaufen und zu verkaufen, zwischen Ständen, die gefüllt sind mit Fleisch, Fisch, Gemüse, Gewürzen und allem, was das Herz begehrt. Hier herumzuschlendern und das Treiben an sich vorbeiziehen zu lassen – und dabei doch auch ein Teil des Treibens zu sein –, ist ein Erlebnis, das ich jedem Balibesucher sehr empfehlen kann.

Der Markt, der abends um 17:00 Uhr öffnet, schließt im Übrigen erst dann, wenn alles leer oder verkauft ist oder keine Kunden mehr kommen, also täglich zu einer anderen Zeit. Also kann man je nach Typ die Tageszeit, zu der man einen der Märkte besuchen möchte, selbst wählen. Das Angebot wechselt dort im Laufe des Tages von Lebensmitteln für Einheimische hin zu Stoffen, Schmuck und Kunstgewerbe für Touristen.

BUBUR AYAM

REISSUPPE MIT HÄHNCHEN

In Indonesien wird diese Reissuppe, die wie englischer Porridge aussieht, zum Frühstück gegessen. Es gibt unzählige Variationen von einfacher bis hin zu komplizierter Zubereitung. Man kann zwar auf Hühnerbrühe aus dem Glas zurückgreifen, aber sie schmeckt einfach besser, wenn Sie sie mit einer selbst gemachten Hühnerbrühe aus Suppenhuhn und Suppengemüse zubereiten. Ich esse diese Reissuppe sehr gerne mit Cakueh (s. S. 90).

FÜR 4 PORTIONEN

300 g Hähnchenbrustfilet
2 Schalotten
2 Knoblauchzehen
2 EL Öl
2 EL salzige Sojasauce
 (Kecap asin, s. S. 17)
Pfeffer, frisch gemahlen
1 EL Sesamöl
150 g Reis
1 ½ l Hühnerbrühe (s. S. 113)
Salz
2 Stangen Staudensellerie,
 Sellerieblätter abgezupft
4 EL helle Röstzwiebeln
 (Bawang goreng, s. S. 13)
Cakueh (s. S. 90), in Scheiben
 geschnitten, nach Geschmack

_ Hähnchenbrust waschen, trocken tupfen und in ca. 1 cm große Würfel schneiden. Schalotten und Knoblauchzehen schälen und fein hacken.
_ Öl in einer Bratpfanne erhitzen. Schalotten und Knoblauch darin anbraten. Hähnchenfleisch dazugeben und ca. fünf Minuten unter Rühren mitbraten. Mit Sojasauce, Pfeffer und Sesamöl abschmecken, beiseitestellen.
_ Reis mit kaltem Wasser in einem Sieb gründlich waschen, bis die Flüssigkeit klar bleibt, und darin abtropfen lassen. Hühnerbrühe in einem Topf zum Kochen bringen. Reis hineingeben, mit Salz abschmecken und ca. 40 Minuten köcheln lassen, bis ein Großteil der Flüssigkeit aufgenommen wurde. Währenddessen immer wieder umrühren, damit der Reis nicht am Topfboden ansetzt.
_ Sellerieblätter waschen und fein hacken (Selleriestangen anderweitig verwenden). Reissuppe mit Hähnchen, Cakueh, Selleriegrün und Röstzwiebeln servieren. Nach Belieben mit Sojasauce nachwürzen.

TIAN TIAN LAI
Jalan Raya Sesetan 367
Denpasar
Öffnungszeiten:
6:00 – 14:00 Uhr

kaldu ayam

HÜHNERBRÜHE

FÜR 4 PORTIONEN

4 Zwiebeln
4 Knoblauchzehen
500 g Lauch
400 g Knollensellerie
500 g Möhren
2 Tomaten
1 Suppenhuhn (ca. 2 ½ kg)
2 TL schwarze Pfefferkörner

_ Zwiebeln und Knoblauch schälen und grob hacken. Lauch putzen und waschen. Sellerie waschen und putzen, falls nötig schälen. Möhren und Tomaten waschen, putzen und bei den Tomaten den Strunk entfernen. Alle Gemüse in Würfel schneiden.

_ Suppenhuhn gründlich mit kaltem Wasser abspülen und trocken tupfen, Fett entfernen. Suppenhuhn in einen großen Topf legen, alle anderen Zutaten dazugeben und so viel kaltes Wasser auffüllen, bis das Huhn vollständig davon bedeckt ist. Zum Kochen bringen und bei aufgelegtem Deckel und niedriger Hitze etwa zwei Stunde köcheln lassen. Dabei immer wieder den entstehenden Schaum mit einem Schaumlöffel abnehmen.

_ Hühnerbrühe durch ein Sieb in einen Topf gießen und entsprechend weiterverarbeiten. Bei Bedarf das Fett von der abgekühlten Brühe abschöpfen oder mit Küchenpapier entfernen. Gewürzt oder gesalzen wird immer erst beim jeweiligen Rezept.

→ **TIPP**

Vom Suppenhuhn nach dem Kochen die Haut abziehen und das Fleisch vom Knochen lösen. Es lässt sich gut für andere Gerichte mit Hähnchenfleisch verwenden.

BAKPAO

GEDÄMPFTE BRÖTCHEN MIT FLEISCHFÜLLUNG

Dieser Snack wird aus einem leichten Hefeteig zubereitet.
Ein Gericht zum Frühstück, das Indonesien seinen chinesischen Einwanderern
verdankt. Man kann Bakpao auch süß mit Schokolade füllen.

FÜR CA. 12 STÜCK

400 g Weizenmehl, Type 405
80 g Speisestärke
1 Pck Trockenhefe
50 g Puderzucker
Salz
275 ml Wasser, lauwarm
1 Schalotte
1 Knoblauchzehe
3 Frühlingszwiebeln
350 g feines Schweine-
   hackfleisch, zweimal
   durchgelassen
½ TL Pfeffer, frisch gemahlen
1 TL süße Sojasauce
   (Kecap manis, s. S. 17)
1 EL salzige Sojasauce
   (Kecap asin, s. S. 17)
12 Blatt Backpapier
   (8 cm × 8 cm)

_ Mehl, Stärke, Hefe, Puderzucker und eine Prise Salz in einer Schüssel vermischen. Nach und nach lauwarmes Wasser zugießen und gründlich verkneten. Den Teig ca. 30 Minuten an einem warmen, zugfreien Ort abgedeckt gehen lassen.
_ In der Zwischenzeit Schalotte und Knoblauch schälen und sehr fein hacken. Frühlingszwiebeln putzen, waschen und in feine Scheiben schneiden. Hackfleisch, Schalotten, Frühlingszwiebeln, Salz, Pfeffer und die Sojasaucen gut miteinander verkneten.
_ Hefeteig in zwölf gleichgroße Kugeln formen. Nochmals ca. 15 Minuten abgedeckt gehen lassen. Jede Kugel zu einer Scheibe mit ca. 12 cm Ø ausrollen.
_ Je 1 EL Füllung auf jede Teigplatte setzen. Den Teig zusammendrücken und mit der Naht nach Unten auf das Backpapier setzen. Abgedeckt weitere 30 Minuten gehen lassen.
_ Etwas Wasser in einen Topf füllen. Die Hefeteigteilchen mitsamt Backpapier in einen Dämpfkorb (Steam basket) setzen, je nach Größe passen nicht alle auf einmal hinein. Das Wasser im Topf zum Kochen bringen, den Dämpfkorb einsetzen und die Bakpao über siedendem Wasser ca. 20 Minuten garen.

Bakwan sayur

SAFTIGE GEMÜSEPLÄTZCHEN

Man kann diesen Snack auch mit anderen Gemüsearten (z. B. Lauch, Blumenkohl, grüne Bohnen) zubereiten. Alles muss sehr fein geschnitten werden. Die Plätzchen lassen sich noch verfeinern durch gehackte Garnelen, die unter die Gemüsemischung gegeben werden.

FÜR 4 PORTIONEN

100 g Mungbohnensprossen
2 Frühlingszwiebeln
100 g Möhren
100 g Weißkohlblätter
1–2 Knoblauchzehen
3 Eier
2 EL Mehl
1 EL Speisestärke
Salz
1 TL Korianderpulver
Pfeffer, frisch gemahlen
Öl zum Frittieren
einige rote Chilischoten (s. S. 21)

_ Mungbohnensprossen waschen und gut abtropfen lassen. Frühlingszwiebeln putzen, waschen und fein schneiden. Möhren schälen und in feine Streifen schneiden. Weißkohl waschen und ebenfalls in feine Streifen schneiden oder hobeln. Knoblauch schälen und fein hacken.

_ Eier mit Mehl und Stärke glattrühren. Mungbohnensprossen, Frühlingszwiebeln, Möhren, Weißkohl und Knoblauch unterheben. Mit Salz, Koriander und Pfeffer kräftig abschmecken.

_ Ausreichend Öl in einer hohen Bratpfanne erhitzen. Die Plätzchen mithilfe eines Schöpflöffels portionsweise in das heiße Öl geben und goldbraun frittieren. Herausnehmen und auf Küchenpapier abtropfen lassen.

_ Chilischoten nur waschen und am Stück dazu servieren.

Das erste Restaurant, das wir auf Bali in unserer „Mission" besuchten, zeigt uns schon im Namen, dass wir uns nicht mehr im moslemischen Teil Indonesiens befinden. *Babi Guling Okawati* (Jalan Tegalsari 2, Ubud; Öffnungszeiten: 11:00 – 21:00 Uhr; Spezialität: gegrilltes Schweinefleisch) heißt übersetzt „Grilltes Schwein von Okawati". Jenny kennt die Besitzerin und ihre Geschichte seit 1985. Bei Jennys früheren Besuchen auf Bali hatte Ibu Oka, die Mutter von sechs Kindern ist, einen kleinen Wagen mit ein paar Bänken und verkaufte ihre Speisen gegenüber dem Tempel *Puri Agung Ubud*. Sie schlachtete, würzte und grillte die Schweine noch selbst. Jedes Mal, wenn Jenny wieder vorbeikam, war das Geschäft ein Stückchen gewachsen. Heute hat Ibu Oka in Ubud drei große Restaurants, die von ihren Kindern geführt werden und etwa 70 Beschäftigte. Die Restaurants sind sowohl bei Einheimischen, wie auch bei Touristen sehr beliebt. *Babi guling* (Seite 120) ist nach wie vor die Spezialität, wofür bei Ibu Oka täglich fünf bis zehn Schweine gegrillt und Stück für Stück verkauft werden. Auch die Innereien werden hier verarbeitet.

Wir durften in der Filiale in der Jalan Tegalsari hinter die Kulissen schauen und konnten den gesamten Ablauf in Augenschein nehmen. Unterhalb des Hauses, an einem zu einem kleinen Fluss gelegenen Hang, tummelten sich ganz entspannt ein

paar Schweine. Einige von ihnen lagen später frisch geschlachtet im Erdgeschoss im durchs Fenster fallenden Sonnenlicht. Eine Etage höher, in der Küche, wurden sie mit verschiedenen Gewürzen eingerieben und gefüllt und dann bis zu fünf Stunden per Hand über einem Holzfeuer gedreht. Die Atmosphäre in dem hohen Raum mit mehreren offenen Feuern und riesigen Mengen an Gewürzen, dazwischen die Köche und Küchenhilfen, haben uns ganz schön beeindruckt.

Das Fleisch ist, nachdem es so lange über dem Feuer gegart wurde, sehr zart und die Haut knusprig. Das Essen zergeht auf der Zunge und es zaubert mir beim Gedanken daran auch heute noch ein behagliches Lächeln auf die Lippen.

Babi guling ist Balis bekannteste Spezialität, und sie zu probieren ist einfach ein Muss. Man findet Babi guling überall auf den Märkten, in den Straßenküchen und in den größeren Restaurants – und eben besonders gut zubereitet im *Babi Guling Okawati*.

Babi guling

GEGRILLTES SCHWEINEFLEISCH

Dies ist das bekannteste Gericht auf Bali. Es wird fast an jeder Straßenecke angeboten. Das Schwein wird innen und außen mit einer selbst gemachten Gewürzpaste eingerieben und mindestens fünf Stunden über offenem Feuer unter ständigem Drehen gegrillt (guling bedeutet drehen).

FÜR 6 PORTIONEN

2 Schalotten

2 Knoblauchzehen

2–3 Stängel Zitronengras

2 lange, rote Gewürzpaprika
(s. S. 21)

2 rote Chilischoten (s. S. 21)

ca. 20 g frischer Galgant
(s. S. 18)

ca. 20 g frische Gelbwurz
(s. S. 18), ersatzweise
1 EL Kurkumapulver

ca. 20 g frischer Ingwer

1 TL Pfeffer, frisch gemahlen

1 EL Koriandersamen

3 Lichtnüsse (Kemiri, s. S. 13)

1 TL Muskatnuss, frisch gerieben

5 g Garnelenpaste
(Terasi, s. S. 17)

Salz, nach Geschmack

1 Spanferkelkeule mit Knochen
und Schwarte (ca. 2 ½ kg),
beim Metzger vorbestellt

MARINADE

1 TL Kurkumapulver

1 TL Salz

1 EL Öl

200 ml Wasser

_ Schalotten und Knoblauch schälen. Zitronengras waschen, die äußeren, harten Blätter entfernen. Zitronengras grob zerteilen. Gewürzpaprika und Chilischoten putzen und waschen. Galgant, Gelbwurz und Ingwer schälen. Alle Zutaten in einen hohen Pürierbecher geben. Pfeffer, Koriander, Lichtnüsse, Muskat, Garnelenpaste und Salz untermischen. Alles mit einem Pürierstab zerkleinern.

_ Fleisch waschen, trocken tupfen und mit einem scharfen Messer die Schwarte über Kreuz in einem Abstand von ca. 1 cm einschneiden. Keule mit der Gewürzpaste gründlich einreiben und drei Stunden ziehen lassen.

_ In der Zwischenzeit den Backofen auf 140 °C vorheizen. Zutaten für die Marinade vermischen.

_ Die Keule auf der zweiten Schiene von unten in der Fettpfanne etwa drei Stunden braten. Dabei alle 60 Minuten wenden und mit der Marinade beträufeln. Nach den drei Stunden die Temperatur auf 200 °C erhöhen und ca. 30 Minuten weiterbraten. Abschließend die Keule unter Beobachtung sechs bis acht Minuten knusprig grillen.

_ Vor dem Servieren eventuell verbrannte Gewürze entfernen.

**BABI GULING
OKAWATI**
Jalan Tegalsari 2
Ubud
Öffnungszeiten:
11:00 – 21:00 Uhr

Ich versuche, dieses Gericht so authentisch wie möglich für die Zubereitung in einem europäischen Haushalt wiederzugeben. Nicht alle landesüblichen Gewürze sind bei uns in Europa erhältlich, daher habe ich ähnlich schmeckende verwendet. Da zuhause kaum jemand ein ganzes Schwein verarbeitet, ist das Rezept für eine Spanferkelkeule angepasst worden, die auch in einen Backofen passt. Am besten verwenden Sie dafür ein Bratenthermometer: Bei 65 °C Kerntemperatur bleibt das Fleisch beim Garen saftig.

Babi guling probieren wir gleich mehrmals, auch direkt auf der Straße, zum Beispiel im *Babi Guling Bu Dayu* (Jalan Perempatan Raya Lodtunduh, Ubud; Öffnungszeiten: 10:00 – 17:00 Uhr; Spezialität: gegrilltes Schweinefleisch). Ibu Dayu verkauft die Gerichte aus einem Wagen, hinter dem sie einen kleinen, aber feinen Raum für Gäste hat, die vor Ort essen wollen. Das Essen ist grundsätzlich das gleiche wie bei Ibu Oka, doch bedeutend schärfer. Jenny lächelt beim Essen, während ich mir ein vorsichtiges Hecheln nicht verkneifen kann. Auch nach zehn Tagen und zahlreichen Gerichten ist meine Zunge doch noch nicht ganz an den hiesigen, sprich einheimischen Schärfegrad gewöhnt. Und hier gibt es Scharfes bereits zum Frühstück.

Lediglich ein Menü bekommt man im *Nasi Ayam Kedewatan Bu Mangku* (Jalan Raya Kedewatan Nr. 18, Ubud; Öffnungszeiten: 8:00 – 18:00 Uhr; Spezialität: Reis mit Hähnchen). Bu (Frau) Mangku begann ihre Laufbahn 1964, als sie auf den Straßen in Kedewatan ihr Streetfood anbot. Sie war mit einer großen Schüssel Reis und Hähnchengerichten unterwegs. Heute ist sie stolze Besitzerin von drei Restaurants, die sich auf **Nasi ayam** (Reis mit Hähnchen, Seite 126) spezialisiert haben. Wir besuchen das Restaurant in Kedewatan, das ihr Sohn Putra führt. Von außen sieht es eher einfach aus, doch im Innenhof befinden wir uns in einer Oase: in einem tropischen Garten mit bunten Blumen. Hier stehen kleine Hütten mit Bambusmatten und Tischen, wir genießen die Ruhe und Kühle. Zumindest für balinesische Verhältnisse ist es nicht ganz so heiß wie draußen. Man ist im *Nasi Ayam Kedewatan Bu Mangku* abgeschieden vom Lärm der Straße und durch die Überdachung auch von der Hitze. Es ist friedlicher Ort der Erholung und des Genusses. Hier ist die Stimmung, um nicht zu sagen die Welt, ein bisschen anders als an und auf der Straße. Zusätzlich zu der Ruhe und dem wunderbaren Essen erhält man hier Mixgetränke aus den verschiedensten tropischen Früchten, die sehr erfrischen. In Indonesien gehört ein Getränk nicht zwingend zum Essen und wenn man etwas trinkt, ist es in den meisten Fällen Tee. Zu essen gibt es im *Nasi Ayam Kedewatan Bu Mangku* Reis mit scharf gewürztem Hähnchen. Dazu, wenn gewünscht, auch die Innereien. Oder man nimmt die Hähnchenspieße, Ei, Chilisauce und Hühnerbrühe. Wir haben von allem probiert und können nicht sagen, was am besten geschmeckt hat. Bei jedem Gericht meinten wir: „Das ist das Leckerste. Besser geht es nicht." Ich vermag nicht zu sagen, wie häufig wir diesen Satz wiederholt haben.

Ein großes Hinweisschild führt uns zu *Sawah Indah* (Jalan Rayan Goa Gajah, Peliatan, Ubud; Öffnungszeiten: 10:00 – 21:00 Uhr; Spezialitäten: Ente und Fisch). Dieses Schild oder besser gesagt große Schilder dieser Art, die auf solche Orte hinweisen, kommen im Zentrum Balis erst nach und nach in Mode. Jenny hatte dieses Restaurant aufgrund seiner besonderen Lage ausgesucht. Es befindet sich inmitten von Reisfeldern und die einzelnen Bambushütten, in denen man ganz für sich sitzt und isst, sind nur über Stege zu erreichen. Die Atmosphäre ist kaum in Worte zu fassen. Paradiesisch ist ein Ausdruck, der dem hier Erlebten am nächsten kommt. Das *Sawah Indah* wurde 2009 eröffnet. Es bietet Ente und auf unserer Reise auch erstmals „endlich" Fisch an. Beides wird hier in Bambusrohren zubereitet. Wer an diesem wunderschönen Ort mit höheren Preisen rechnet, hat sich geirrt. Die Preise für das Essen liegen zwischen denen der großen Restaurants und den einfachen Garküchen in Ubud. Wir können nur sagen: hingehen und genießen!

SANUR

Wir fahren weiter in Richtung Süden und vor uns liegen Orte wie Sanur, Legian, Kuta und Jimbaran. Die kleine Südspitze mit der Hauptstadt Denpasar und dem Touristenzentrum Kuta ist die bevölkerungsdichteste Region Balis. Wir haben uns hier wieder für das Vorankommen auf zwei Rädern entschieden und uns einen Roller gemietet. Diese sind übrigens an fast jeder Ecke sehr günstig zu haben. Antonius, der kein großer Fan des Rollerfahrens ist, bleibt in Ubud und hat so ein wenig frei. Selbst beim einfachen Rollermieten stößt man unweigerlich auf die ausgesprochen freundliche Mentalität der Balinesen. Sie scheint angeboren zu sein. Diese Menschen hier täglich zu erleben, ist einfach großartig und sie werden es mir schwer machen, diese Insel wieder zu verlassen und in Gefilde zurückzukehren, in denen seltener gelächelt wird und man sich weniger freundlich begegnet.

In Sanur besuchen wir das *Warung Mak Beng* (Jalan Hang Tuah 45, Sanur; Öffnungszeiten: 8:30 – 17:00 Uhr; Spezialitäten: Fisch in klarer Suppe und frittiert). Mak Beng ist der Spitzname der heutigen Besitzerin, Ibu Ni Ketut Tjuki, die das Geschäft von ihrer Schwiegermutter übernommen hat. Diese verkaufte ihre Spezialitäten seit 1941 am Straßenrand. Wann das kleine Restaurant am Strand von Sanur auftauchte, man sich also richtig niedergelassen hat, weiß heute keiner mehr so genau.

Zur Mittagszeit ist es hier immer voll. Es ist ein Kommen und Gehen wie in einem Schnellimbiss. Und es gibt nichts außer Fischsuppe und frittierten, knusprigen Fischkoteletts, dazu Reis und Sambal. Das ist alles, und es begeistert, wie wir finden, zu Recht sehr viele Menschen. Auch Prominente, deren Konterfeis an den Wänden hängen, scheint das zu überzeugen. Ich überlege mir, ob ein Restaurant in Europa, das nur ein Essen anbietet, ebenso viel Begeisterung hervorrufen würde. Doch der Meerblick, den man vom *Warung Mak Beng* aus genießen kann, führt mich und meine Gedanken nur für einen kurzen Augenblick nach Europa zurück.

NASI AYAM

REIS MIT GEWÜRZTEM HÄHNCHEN

Auf Bali wird dieses Gericht üblicherweise mit Sambal matah (s. S. 78), Lawar (s. S. 163) und Sate lilit (s. S. 66) serviert. Man kann es aber natürlich auch ohne diese Zugaben zubereiten.

FÜR 4 PORTIONEN

5 Schalotten
3 Knoblauchzehen
4 rote Gewürzpaprika (s. S. 21)
2 lange, rote Chilischoten
  (s. S. 21)
Salz
½ TL Pfeffer, frisch gemahlen
1 TL Garnelenpaste
  (Terasi, s. S. 17)
1 TL Koriandersamen
1 Tomate
3 Stängel Zitronengras
1 Hähnchen (ca. 1,2 kg)
3 EL Öl
3 Salamblätter (s. S. 19)
500 ml Wasser
4 Eier, hart gekocht
eine Handvoll Erdnüsse, natur,
  frittiert

_ Schalotten und Knoblauch schälen und fein hacken. Gewürzpaprika und Chilischoten putzen, waschen und hacken. Alle Gewürze mit Salz, Pfeffer, Garnelenpaste und Koriander in einem Mörser zu einer feinen Paste zerdrücken.

_ Tomate waschen, Stielansatz entfernen und die Tomate grob zerkleinern. Zitronengras waschen, zuerst längs, dann quer halbieren und mit einem breiten Messer anquetschen. Hähnchen mit kaltem Wasser abspülen, trocken tupfen und in acht bis zehn Teile schneiden.

_ Öl in einem Bräter erhitzen. Gewürzpaste darin unter ständigem Rühren anbraten. Zitronengras und Salamblätter dazugeben und mitbraten. Hähnchenteile und Tomatenstücke hinzufügen, gut vermischen und das Wasser zugießen. Einen Deckel auflegen und ca. 40 Minuten schmoren lassen, zwischendurch umrühren.

_ Eier pellen und in den Bräter geben, Salamblätter entfernen. Mit Reis servieren, Eier halbieren und frittierte Erdnüsse darüber streuen.

NASI AYAM
KEDEWATAN
BU MANGKU
Jalan Raya Kedewatan Nr. 18
Ubud
Öffnungszeiten:
8:00 – 18:00 Uhr

Jus mangga pepaya

MANGO-PAPAYA-SMOOTHIE

Unbedingt nur die reifen und weichen Mangos und Papayas verwenden. Harte Früchte sind für den Smoothie nicht geeignet.

FÜR 4 GLÄSER

2 reife Mangos
500 g reife Papaya
4 EL Vanillesirup
4 Tassen Crushed Ice
1 EL Limettensaft

_ Mangos schälen, das Fruchtfleisch vom Stein schneiden und in Würfel schneiden. Papaya schälen, entkernen und ebenfalls in Würfel schneiden.
_ Früchte, Vanillesirup, Crushed Ice und Limettensaft in einen Standmixer geben und auf höchster Stufe kurz pürieren.
_ In Gläser füllen und servieren.

Es teh lemon

LIMETTEN-VANILLE-EISTEE

Ein leckeres und einfaches Getränk, das schnell zubereitet ist und zu meinen Favoriten zählt. Ein selbstverständlicher Begleiter zu jedem Essen.

FÜR 4 GLÄSER

1,2 l Jasmintee, abgekühlt
4 EL Vanillesirup
4 EL Limettensaft
2 Tassen Eiswürfel

_ Tee mit Vanillesirup und Limettensaft verrühren.
_ Eiswürfel auf vier Gläser verteilen. Mit Limettentee auffüllen und servieren.

SAWAH INDAH
Jalan Rayan Goa Gajah
Peliatan
Ubud
Öffnungszeiten:
10:00–21:00 Uhr

BEBEK BUMBU BALI

ENTE MIT BALINESISCHEN GEWÜRZEN

Die Ente flach aufzuschneiden, ist eine klassische Zubereitungsart auf Bali. Auch die Zusammensetzung der Gewürze ist typisch für die balinesische Küche. Dort werden die Enten in Grillgitter gespannt und über der Glut oder Gasflamme gegrillt. Durch die Schnitttechnik ist eine sehr intensive Würzung möglich und die Ente bleibt saftig, gart schneller und schmeckt einzigartig!

FÜR 4 PORTIONEN

4 Schalotten
4 Knoblauchzehen
4 lange, rote Gewürzpaprika
  (s. S. 21)
ca. 40 g frischer Ingwer
ca. 40 g frischer Galgant
  (s. S. 18)
1 TL Salz
½ TL Pfeffer, frisch gemahlen
1 TL Garnelenpaste
  (Terasi, s. S. 17)
½ TL Muskatnuss, frisch
  gerieben
1 TL Kurkumapulver
1 TL Koriandersamen
3 EL Öl
1 kleine Ente (2–2 ½ kg),
  küchenfertig

_ Schalotten und Knoblauch schälen und fein hacken. Gewürzpaprika putzen, waschen und hacken. Ingwer und Galgant schälen und hacken. Alle Gewürze mit Salz, Pfeffer, Garnelenpaste, Muskat, Kurkuma und Koriander in einem Mörser zu einer feinen Paste zerdrücken.

_ Öl in einer Bratpfanne erhitzen. Gewürzpaste darin etwa drei Minuten unter ständigem Rühren anbraten. Pfanne vom Herd ziehen und die Paste abkühlen lassen.

_ Ente mit kaltem Wasser waschen und trocken tupfen. An der Brust längs aufschneiden, auseinanderklappen und mit einem Fleischklopfer plattieren. Die Ente mit reichlich Gewürzpaste von innen und außen einreiben. Mindestens drei Stunden, am besten über Nacht, abgedeckt ziehen lassen.

_ Den Backofen auf 180 °C vorheizen. Die Ente auf ein Ofengitter legen, eine Fettpfanne unterstellen und auf der zweiten Schiene von unten zwei Stunden braten.

WARUNG MAK BENG
Jalan Hang Tuah 45
Sanur
Öffnungszeiten
8:30 – 17:00 Uhr

Sup ikan tuna

KLARE TUNFISCHSUPPE MIT GURKEN

In Indonesien ist Tunfisch preiswert und wird daher häufig verarbeitet. Es sind kleinere Fische, ähnlich dem Bonito. Diese Suppe ist in den Fischerorten Balis sehr beliebt, wo der Tunfisch fangfrisch zubereitet wird. Alternativen dafür wären Fische mit festem Fleisch, beispielsweise Seeteufel, Dorade oder Lachs.

FÜR 4 PORTIONEN

2 Schalotten
2 Knoblauchzehen
ca. 30 g frischer Galgant
  (s. S. 18)
ca. 30 g frischer Ingwer
3 Stängel Zitronengras
2 rote Chilischoten (s. S. 21)
1 TL Kurkumapulver
½ TL Pfeffer, frisch gemahlen
Salz
800 g Tunfischfilets
1 Salatgurke
3 EL Öl
1 l Fischfond aus dem Glas
2 Salamblätter (s. S. 19)
3 Kaffirlimettenblätter (s. S. 18)
2 EL Limettensaft

_ Schalotten, Knoblauch, Galgant und Ingwer schälen. Ingwer und Galgant grob zerkleinern. Zitronengras putzen, die harten äußeren Blätter entfernen. Das zarte Innere fein hacken. Chilischoten putzen, waschen und klein hacken. Alle Gewürze mit Kurkuma, Pfeffer und ½ TL Salz in einem Mörser zu einer feinen Paste zerdrücken.

_ Fisch mit kaltem Wasser abspülen, trocken tupfen und in Stücke schneiden. Gurke schälen und in Stücke schneiden.

_ Öl in einem Topf erhitzen. Gewürzpaste darin anbraten. Mit Fischfond ablöschen und wieder aufkochen. Fischstücke, Gurkenscheiben, Salam- und Kaffirlimettenblätter dazugeben und etwa zehn Minuten gar ziehen lassen. Mit Salz und Limettensaft abschmecken. Salamblätter vor dem Servieren entfernen.

Ikan asam manis

KNUSPRIGER FISCH SÜSS-SAUER

In Indonesien werden nur ganze Fische verkauft, die dann zu Hause filetiert wer-
den. Einfacher geht es mit Fischfilets, so wie hier im Rezept verwendet. Für das
portionsweise Frittieren müssen Sie etwas Zeit einplanen, aber dafür bekommen Sie
hier selbst gemachte Fischnuggets mit knuspriger Hülle und zartem Innenleben,
die sogar Fischmuffel überzeugen dürften.

FÜR 4 PORTIONEN

2 Tomaten
½ mittelgroße Ananas (für ca. 250 g Fruchtfleisch)
1 kleine rote Gemüsepaprika
2 Zwiebeln
300 g Salatgurke
1 lange, rote Gewürzpaprika (s. S. 21)
2 Knoblauchzehen
2 EL Öl
400 ml Gemüsebrühe (s. S. 145)
Essig, z. B. weißer Balsamico
Zucker
2 EL Speisestärke
100 g Weizenmehl, Type 405
1 Ei
Salz
Pfeffer, frisch gemahlen
¼ l Mineralwasser
800 g feste Fischfilets, z. B. Rotbarsch, Lengfisch oder Seelachs
Öl zum Frittieren

_ Tomaten waschen und die Stielansätze heraus-schneiden. Tomaten vierteln, entkernen und klein schneiden. Schale und Augen sowie den Strunk der Ananas entfernen, die Frucht in kleine Stücke schneiden. Paprika waschen, Stiel und Kerne entfernen, Paprika in Streifen schneiden. Zwiebeln schälen und ebenfalls in Streifen schneiden. Gurke waschen, längs halbieren, entkernen und in Scheiben schneiden. Gewürzpaprika waschen, entstielen und in Ringe schneiden. Knoblauch schälen und fein hacken.

_ Öl in einem Topf erhitzen, Zwiebeln und Knoblauch darin anbraten. Tomaten, Ananas, beide Paprika und Gurke mitbraten. Mit Brühe ablöschen und die Sauce mit Essig sowie Zucker süßsauer abschmecken. Etwa fünf Minuten köcheln lassen.

_ Stärke mit 2 EL Wasser verrühren. Sauce damit binden, aufkochen und warmstellen.

_ Mehl, Ei, Salz und Pfeffer mit Mineralwasser glattrühren. Öl zum Frittieren auf etwa 170 °C erhitzen.

_ Fischfilets mit kaltem Wasser waschen, trocken tupfen und in mundgerechte Stücke schneiden. Durch den Teig ziehen und portionsweise im heißen Öl etwa fünf Minuten knusprig frittieren. Auf Küchenpapier abtropfen lassen.

_ Die knusprigen Fischnuggets mit der süßsauren Sauce servieren.

KUTA

Kuta lockt vor allem mit seinen traumhaften Stränden. Das „Paradies für Surfer" auf Bali führt jedoch auch dazu, dass sich hier internationale Fastfood-Ketten angesiedelt haben. Damit hatte ich nach all den bisherigen landestypischen kulinarischen Highlights nicht gerechnet. Doch so funktioniert die Welt: Der Reisende fährt in ferne Länder und möchte trotzdem vieles wie zu Hause haben, so zum Beispiel das Essen. Schade, wie ich finde. Eine richtige indonesische Garküche in Kuta aufzutun, war gar nicht so leicht. Doch glücklicherweise konnte Jenny sie auch hier ausmachen.

Und so treffen wir auf das *Warung Nikmat* (Jalan Bakung Sari, Gg. Biduri Nr. 6, Kuta; Öffnungszeiten: 8:00 – 18:00 Uhr; Spezialität: Hähnchen). Im Gegensatz zu den meisten, eher teuren Restaurants in Kuta ist das *Warung Nikmat* günstig und vor allem ist es authentisch. Das zeigt sich besonders daran, dass hier sehr viele Einheimische speisen. Ibu Sulastri, die ursprünglich von Java stammt, hat das Restaurant im Jahr 2000 eröffnet. Sie bietet javanische und balinesische Gerichte an, konzentriert sich in beidem jedoch vorwiegend auf Hähnchen. So können wir Soto ayam (Hühnersuppe, Seite 70) und Ayam goreng (knuspriges Hähnchen, Seite 140) nur empfehlen. Jeder, der das Warung Nikmat besuchen möchte, sollte allerdings nicht bis zum Abend warten, denn es kommt immer wieder vor, dass es dort bereits um 15:00 Uhr heißt: ausverkauft!

EXKURS

Hähnchen sind Hühner beiderlei Geschlechts. Eine Hühnersuppe wird jedoch sowohl in Indonesien wie auch bei uns aus einem Suppenhuhn, das ist eine ehemalige Legehenne, gemacht. Die Hähnchen, die wir in Indonesien genossen haben, können also sowohl männlich wie auch weiblich sein. Dem Besitzer der Garküche dürfte es allerdings egal sein, welches Federvieh ihm auf den Grill oder in den Topf springt. Hauptsache, es lässt sich geschmackvoll zubereiten.

Ayam goreng kremes

FRITTIERTE HÄHNCHEN MIT KNUSPERTEIG

Eines der beliebten Straßengerichte, das man überall in vielen Variationen bekommt, ist Ayam goreng. Es wird mit Sambal und Lalapan (Salatgurke, Tomaten, Weißkohl etc.) als Beilage angeboten. Die restliche Hühnerbrühe unbedingt für eine Suppe oder einen Eintopf verwenden!

FÜR 4 PORTIONEN

4 Schalotten
3 Knoblauchzehen
5 Lichtnüsse (Kemiri, s. S. 13)
1 TL Korianderpulver
Salz
1 Hähnchen (ca. 1,2 kg)
ca. 1 ½ l Wasser
2 EL Tapiokamehl (s. S. 15)
2 EL Reismehl
Öl zum Frittieren

NACH GESCHMACK

Sambal (s. S. 21)
Gurkenscheiben
Weißkohlstreifen
Thai-Basilikum

_ Schalotten und Knoblauch schälen. Im Mörser eine Paste aus Schalotten, Knoblauch, Lichtnüssen, Koriander und 1 TL Salz zubereiten.
_ Hähnchen mit kaltem Wasser waschen, trocken tupfen und in acht Teile schneiden. Mit der Paste gründlich einreiben und ziehen lassen.
_ Salzwasser in einem Topf zum Kochen bringen. Hähnchenteile darin ca. 45 Minuten zugedeckt bei niedriger Hitze köcheln lassen, zwischendurch abschäumen. Hähnchen herausnehmen und gut abtropfen lassen. Brühe abkühlen lassen und ¼ l für später beiseitestellen. Den Rest anderweitig verwenden.
_ Öl zum Frittieren auf etwa 170 °C erhitzen. Hähnchen darin knusprig frittieren und auf Küchenpapier abtropfen lasse.
_ Beiseite gestellte Brühe mit Tapiokamehl und Reismehl glattrühren. Teig portionsweise unter ständigem Rühren in heißem Öl frittieren, ebenfalls auf Küchenpapier abtropfen lassen.
_ Hähnchen mit Knusperteig und nach Geschmack mit Sambal, Salatgurke und Weißkohl oder Kräutern servieren.

WARUNG NIKMAT
Jalan Bakung Sari,
Gg. Biduri Nr. 6
Kuta
Öffnungszeiten:
8:00 – 18:00 Uhr

Kepiting saus pedas

TASCHENKREBSE MIT FEURIGER SAUCE

Die Taschenkrebse werden am besten in einem Wok mit Deckel gekocht.
So ist ausreichend Platz, um die Krustentiere zu wenden.

FÜR 2 PORTIONEN

2 Zwiebeln
2 Knoblauchzehen
2 Tomaten
2 lange, rote Gewürzpaprika
  (s. S. 21)
1 rote Chilischote (s. S. 21)
1 Bund Frühlingszwiebeln
2 Taschenkrebse
  (à 800–1000 g)
3 EL Öl
200 ml Gemüsebrühe (s. S. 145)
1 EL Tomatenmark
1 EL Limettensaft
1 TL Rohrohrzucker
1 EL salzige Sojasauce
  (Kecap asin, s. S. 17)
Salz
Pfeffer, frisch gemahlen
evtl. 1 EL Speisestärke

_ Zwiebeln schälen und in Streifen schneiden. Knoblauch schälen und fein hacken. Tomaten waschen und die Stielansätze herausschneiden. Tomaten vierteln, entkernen und hacken. Gewürzpaprika und Chilischote putzen, waschen und fein hacken. Frühlingszwiebeln putzen, waschen und in Stücke schneiden.

_ Krebse gründlich abbürsten und waschen. Die Scheren mit einem großen Messer oder kleinen Hammer aufklopfen, bis sie brechen, aber noch nicht auseinanderfallen.

_ Öl in einem Wok erhitzen, Zwiebeln und Knoblauch darin anbraten. Tomaten, Gewürzpaprika, Chili und Frühlingszwiebeln mitbraten. Mit Brühe ablöschen. Tomatenmark, Limettensaft, Zucker und Sojasauce unterrühren. Mit Salz und Pfeffer abschmecken. Krebse dazugeben, mit der Sauce vermischen und zugedeckt ca. 30 Minuten garen. Alle zehn Minuten umrühren und die Krebse wenden.

_ Falls die Sauce zu dünnflüssig ist, Stärke mit 2 EL Wasser glattrühren und die Sauce damit binden.

KALDU SAYUR

GEMÜSEBRÜHE

FÜR 4 PORTIONEN

4 Zwiebeln
4 Knoblauchzehen
500 g Lauch
400 g Knollensellerie
500 g Möhren
2 Tomaten
2 l Wasser
2 TL schwarze Pfefferkörner

_ Zwiebeln und Knoblauch schälen und grob hacken. Lauch putzen und waschen. Sellerie waschen und putzen, falls nötig schälen. Möhren und Tomaten waschen, putzen und bei den Tomaten den Strunk entfernen. Alle Gemüse in Würfel schneiden.

_ In einem großen Topf Wasser mit allen Zutaten zum Kochen bringen. Bei aufgelegtem Deckel und geringer Hitze etwa eine Stunde köcheln lassen.

_ Gemüsebrühe durch ein Sieb in einen Topf abgießen und entsprechend weiterverarbeiten. Gewürzt oder gesalzen wird immer erst beim jeweiligen Rezept.

→ **TIPP**

Diese Brühe kann auch gut portionsweise, z. B. in Eiswürfelbehältern, eingefroren werden. Im Kühlschrank aufbewahrt hält sie sich ungefähr zwei Tage.

Auf unserem weiteren Weg in den Süden Balis besuchen wir das *Kampoeng Kepi-ting Kuliner, Ekowisata Mangroven Warnasari* (Jalan By Pass Ngurah Rai Nr. 1, Tuban; Öffnungszeiten: 10:00 – 24:00 Uhr; Spezialität: Krebse). Diesen Ort findet man in der Nähe der Schnellstraße, die nach Nusa Dua, einem der südlichsten Orte Balis, führt. Der Fischer I Made Sumasa hat mit einigen Freunden im Jahr 2010 die Fischer-Gruppe Warnasari, vergleichbar mit einer Genossenschaft, gegründet. Sie widmen sich der Krebszucht und betreiben ein Restaurant, das mitten in einem klei-nen See liegt. Die Krebszucht, die sich in den Mangrovenwäldern befindet, kann man als Restaurantbesucher auch besichtigen. Über Stege gelangt man in das Restaurant. Dieser wunderschöne Ort, der in die eine Richtung den Blick über das Meer und in die andere Richtung auf die Mangrovenwälder eröffnet, bietet uns wieder einmal einen der vielen „kitschigen" Sonnenuntergänge, die wir auf unserer Reise fast täglich erle-ben dürfen.

Die hier angebotenen Gerichte, also Fisch und Meeresfrüchte, werden alle nach alten balinesischen Familienrezepten zubereitet, die im Original natürlich nicht verra-ten werden. Wir haben uns, wie so häufig, wenn es mehrere Speisen gibt, für alles ent-schieden. Gegrillte Fische, Muscheln, Garnelen und Krebse sind Genuss pur. Mit der typisch balinesischen Sauce Tol Bergoyang, die es zu den Krebsen gibt, hat man darü-ber hinaus auch Schärfe pur. Auf Wunsch bekommt man die Gerichte hier auch etwas milder serviert. Jenny kommentiert meinen Wunsch nach nur halb so viel Schärfe mit einem dezenten, wohlwissenden Lächeln.

JIMBARAN

Jimbaran ist ein altes Fischerdorf an der südwestlichen Küste Balis. Traurige Bekanntheit erlangte der Ort durch die Bombenanschläge vom 1. Oktober 2005, hinter denen laut indonesischer Polizei die Terrororganisation Jemaah Islamiyah steckte. Davon ist heute glücklicherweise nichts mehr zu spüren. Der Ort bietet, was sich Touristen aus aller Welt wünschen. Neben einer Vielzahl an verschiedenen Unterkünften gibt es in Jimbaran echtes Strandleben am Indischen Ozean mit vielen Seafood-Restaurants, die direkt an bzw. schon fast im Wasser liegen.

Wenn man aus der Richtung wie wir hier ankommt, sieht man am rechten Straßenrand die riesigen Kühlboxen mit frischem Fisch, Muscheln, Garnelen, Langusten und Hummern. Doch die Brise, die einem entgegenzieht, weist eher auf die linke Straßenseite hin: Hier sind die Köche dabei, das was das Meer anbietet, auf dem Grill zuzubereiten. Allein der Duft lässt einem schon das Wasser im Munde zusammenlaufen.

Kerang panggang

GEGRILLTE GLATTE MUSCHELN

Dieses Rezept ist eine gute Vorspeise. Anstelle von glatten Muscheln eignen sich auch Jakobsmuscheln.

FÜR 4 PORTIONEN

2 Tomaten
2 Schalotten
2 Knoblauchzehen
1 Chilischote (s. S. 21)
2 EL Öl
Salz
1 EL süße Sojasauce (Kecap
   manis, s. S. 17)
1 TL Limettensaft
Pfeffer, frisch gemahlen
24 glatte große Muscheln oder
   Miesmuscheln, ersatzweise
   12 Jakobsmuscheln oder
   Grünlippmuscheln
Limettenscheiben zum
   Servieren

_ Tomaten waschen, halbieren, Kerne und Stielansatz entfernen, Fruchtfleisch hacken. Schalotten und Knoblauch schälen, beides sehr fein hacken. Chilischote putzen, waschen und ebenfalls sehr fein hacken.
_ Öl in einer Bratpfanne erhitzen. Schalotten und Knoblauch darin anbraten. Tomaten und Chili hinzufügen. Mit Salz, Sojasauce, Limettensaft und Pfeffer abschmecken.
_ Muscheln gründlich waschen, Miesmuscheln noch entbarten, und auf den vorgeheizten Grill setzen. Sobald sich die Muscheln öffnen, die fleischlose Schale entfernen.
_ Sauce auf die Muscheln verteilen und etwa zwei Minuten weiter grillen.
_ Mit Limettenscheiben servieren.

KAMPOENG
KEPITING KULINER
EKOWISATA MAN-
GROVEN WARNASARI
Jalan By Pass Ngurah
Rai Nr. 1 · Tuban
Öffnungszeiten:
10:00 – 24:00 Uhr

udang karang bakar

GEGRILLTE PIKANTE LANGUSTEN

Lebende Langusten werden in Warungs am Straßenrand in Bali nach Gewicht ver-
kauft. Am Strand werden sie über dem offenen Feuer in Grillgittern gegrillt.
Als Brennmaterial dienen dazu oft Unmengen an Kokosschalen, was in den Abend-
stunden ein beeindruckender Anblick ist. Im Preis enthalten sind dort dann auch
die Zubereitung mit Saucen, Gemüse und Reis.

FÜR 4 PORTIONEN

4 Schalotten
2 Knoblauchzehen
2 lange, rote Gewürzpaprika
  (s. S. 21)
ca. 30 g frischer Ingwer
Salz
Pfeffer, frisch gemahlen
½ TL Korianderkörner
½ TL Kurkumapulver
4 küchenfertige Langusten
  (à ca. 700 g), ersatzweise aus-
  gelöste TK-Langustenschwän-
  ze (à ca. 300 g), aufgetaut
2 EL Limettensaft

_ Schalotten und Knoblauch schälen und fein
hacken. Gewürzpaprika putzen, waschen und
hacken. Ingwer schälen und hacken. Alles mit
½ TL Salz, Pfeffer, Koriander und Kurkuma in
einem Mörser zu einer feinen Paste zerdrücken.
_ Langusten waschen, längs halbieren, mit
kaltem Wasser abspülen und dabei das Kopfteil
putzen. Abtropfen lassen und trocken tupfen.
_ Langusten mit Limettensaft beträufeln, ihre
Schnittflächen mit Gewürzpaste einreiben. Auf
dem vorgeheizten Grill etwa acht Minuten unter
Wenden grillen.

Der größte Teil der Fische und Krustentiere, die hier verkauft werden, kommt direkt von den Fischern, die rund um die Restaurants leben. Sie bilden mit den Inhabern der Garküchen eine klassische Win-Win-Gemeinschaft. Ein- bis mehrmals täglich fahren die Fischer mit ihren Booten, den *Jukungs,* hinaus aufs offene Meer.

Wir lernen den Fischer Roma kennen, der mit seinem Sohn Kade Esa zwei Mal täglich mit Netz und Angel auf Fang geht und für gewöhnlich mit so viel zurückkommt, dass er und seine Familie gut davon leben können. Er zeigt uns stolz sein bunt bemaltes *Jukung,* das traditionelle Fischerboot auf Bali, und erklärt uns seine meerestauglichen Details. Es ist für unsere Verhältnisse eine Art großes Kanu mit zwei Auslegern und einem nach oben gerichteten, spitzen Bug und wir überlegen uns, ob wir aus Platzgründen auf eine Mitfahrt verzichten sollen. Doch dann überkommt mich meine Neugier und ich verabrede mich mit Vater und Sohn zu einem frühen Angelausflug aufs Meer. Jenny nutzt die Gelegenheit, um sich mit den Köchen über Rezepte, die beste Zubereitungsform für Fisch und weitere Spezialitäten auszutauschen.

Ende der 1980er Jahre gab es übrigens einmal ein großes Jukung-Rennen, das auf Bali startete und nach mehr als zwei Monaten im 1.000 Kilometer entfernten Darwin, Australien, endete. Ein Abenteuer, dem sich damals immerhin neun Mannschaften aus neun Nationen stellten und das im Film „Passage out of Paradise" des australischen Regisseurs Richard Dennison dokumentiert ist.

Jenny kennt sich in Jimbaran aus und sie kennt vor allem den im Jahr 1988 auf-gemachten *Warung Ramayana Jimbaran* (Jalan Pemelisan Agung, Jimbaran; Öffnungszeiten: 14:00 – 22:00 Uhr; Spezialität: gegrillte Meeresfrüchte), unseren südlichsten kulinarischen Punkt auf Bali, und dessen Inhaber Nyoman Bagi Sumadia. Nachdem sie bereits viele der Restaurants am Jimbaran-Strand ausprobiert hat, wurde das *Warung Ramayana Jimbaran* ihr Favorit. Egal, was man hier bestellt, es ist immer frisch und lecker und es gibt zu jedem Essen Reis, Suppe, Gemüse, Salat, verschiedene Sambals und zum Dessert frische, saftige Melone. Wir sitzen mit unseren Füßen im Sand, blicken aufs Meer und können in der Ferne sogar die Flugzeuge beobachten, die den Ngurah Rai Airport anfliegen. Diese sind jedoch so weit weg, dass wir sie nicht einmal hören.

UDANG BAKAR

GEGRILLTE RIESENGARNELEN MIT CHILI-LIMETTEN-SAUCE

Garnelen vom Holzkohlengrill schmecken köstlich.
Alternativ lassen sie sich auch in der Grillpfanne zubereiten.

FÜR 4 PORTIONEN

12 Riesengarnelen mit Schale
   (ca. 1 kg), TK-Qualität oder
   frisch
2–3 Chilischoten (s. S. 21)
4 Schalotten
2 Knoblauchzehen
2 Stängel Zitronengras
4 EL Öl
50 ml Wasser
Salz
Pfeffer, frisch gemahlen
2 EL Limettensaft
einige Limettenscheiben
einige Stängel Koriander, Blättchen abgezupft

_ Garnelen mit einem scharfen Messer am Rücken vorsichtig der Länge nach einschneiden. Därme entfernen, Garnelen waschen, abtropfen lassen und trocken tupfen.

_ Chilischoten putzen und waschen. Schalotten und Knoblauch schälen. Zitronengras putzen, waschen und die äußeren Blätter entfernen. Das helle, weiche Innere vom Zitronengras sowie Chilis, Schalotten und Knoblauch sehr fein hacken.

_ 3 EL Öl in einer Bratpfanne erhitzen. Gehackte Gewürze darin anbraten. Mit Wasser ablöschen und mit Salz, Pfeffer und Limettensaft abschmecken.

_ Eine Grillpfanne mit dem restlichen Öl bestreichen. Garnelen in der heißen Grillpfanne unter Wenden etwa fünf Minuten braten.

_ Mit der Chili-Limetten-Sauce, Limettenscheiben und Korianderblättchen servieren.

WARUNG
RAMAYANA
JIMBARAN
Jalan Pemelisan Agung
Jimbaran
Öffnungszeiten
14:00 – 22:00 Uhr

DENPASAR

Von Jimbaran aus machen wir noch einen Abstecher nach Denpasar, der Provinz-hauptstadt Balis. In Denpasar leben mit fast 800.000 Einwohnern ungefähr 20% der Balinesen. Der Unterschied zwischen dem Strandleben in Jimbaran und dem Treiben in Denpasar könnte größer kaum sein. Hier kommen wir wieder zurück zu „unserem" Streetfood, das ganz auf der Straße und weniger am Strand stattfindet. Doch bevor wir uns ins nächste Restaurant begeben, besuchen wir die bekanntes-ten Märkte der Stadt. Und hier gibt es, wie wir wissen, genügend Garküchen, um Nachschub für unsere inzwischen schon geweiteten Mägen zu liefern.

Die großen Märkte in Denpasar sind der *Pasar Badung* (Jalan Sulawesi Nr. 1, Den-pasar) und der *Pasar Kumbasari* (gegenüber dem Pasar Badung). Der *Pasar Badung* ist ein wirklich großer Markt im Zentrum der Stadt, auf dem es vorwiegend Lebens-mittel, Stoffe und Kunsthandwerk zu kaufen gibt, und wo wir natürlich unsere schon so lieb gewonnenen, kleinen Garküchen besuchen. Der *Pasar Kumbasari* hingegen bietet Kleidung, Möbel und Kunsthandwerk für private und gewerbliche Käufer. Und hier entdecken wir viele, wie ich sie nenne, halb-gewerbliche Händler. Auf dem *Pasar Kumbasari* wird gefeilscht, gehandelt und schließlich eingekauft – und das häufig in großen Mengen. Ich frage nach, weshalb so viel Ware den Besitzer wechselt, und erfah-re dann, dass das, was erstanden wurde, später auf dem Land bzw. der gesamten Insel mit einem kleinen Aufschlag irgendwo an der Straße oder auf anderen Märkten wei-terverkauft wird. Auch so kann eine Versorgung der Landbevölkerung funktionieren.

Vom Markt geht es ins nächste Restaurant. Der Name *Nasi Ayam Betutu Bu Kadek Wati* (Jalan Gatot Subroto Tengah Nr. 59 D, Denpasar; Öffnungszeiten: 8:00 – 15:00 Uhr; Spezialität: Hähnchen) drückt alles aus, was wir hier vorfinden. *Nasi* bedeu-tet Reis, *ayam betutu* ist ein ganzes Hähnchen, das mit verschiedenen Gewürzen gefüllt, eingelegt und in ein Bananenblatt gewickelt im Ofen gegart wird. Genau das ist die Spezialität von Bu Kadek Wati, der Inhaberin dieses kleinen Restaurants. Es gibt einen kleinen Raum, in dem man sitzen kann, allerdings befindet sich davor auf der Straße der Kochwagen, in dem auch heute noch gekocht wird. Wer die Spezialität von Bu Kadek Wati nicht kosten möchte, was wir jedem allerdings dringend ans Herz legen, kann auch kleine Portionen Hähnchenfleisch mit Reis, Lawar ayam (Seite 163) und Sambal matah (Seite 78) bestellen. Lawar ist ein typisch balinesisch zubereitetes gemischtes Gemüse, das mit geraspelten Kokosnüssen, Gewürzen und scharfem Chili abgeschmeckt wird.

Tahu gejrot

KNUSPRIGER TOFU MIT CHILISAUCE

Ich esse die kleinen frittierten Tofuwürfel gerne sehr scharf. Die Zubereitung ist recht einfach und sie sind ein leichter Snack.

FÜR 4 PORTIONEN

800 g fester Tofu (s. S. 15)
Salz
2 Schalotten
2 Knoblauchzehen
2 grüne Chilischoten (s. S. 21)
30 g feiner Palmzucker (s. S. 15)
2 EL Zitronensaft
4 EL süße Sojasauce
  (Kecap manis, s. S. 17)
50 ml Wasser
Öl zum Frittieren

_ Tofu in 3 cm große Würfel schneiden. Mit Salz würzen und ziehen lassen.

_ Schalotten und Knoblauch schälen, fein hacken. Chilischoten putzen, waschen und in feine Ringe schneiden. Palmzucker, Zitronensaft, Sojasauce, Wasser, Schalotten, Knoblauch und Chili gut vermischen.

_ Öl in einer hohen Bratpfanne erhitzen. Tofu darin knusprig goldbraun frittieren. Auf Küchenpapier abtropfen lassen.

_ Tofuwürfel mit der Chilisauce servieren.

SAYUR ASEM

GEMÜSE-TAMARINDEN-SUPPE

Dieses Gericht ist eher ein Eintopf als eine Suppe. Die Säure der Tamarinde gibt ein süß-saures, sehr erfrischendes Aroma.

FÜR 4 PORTIONEN

30 g Tamarindenmark (s. S. 18)
50 ml Wasser, erhitzt
200 g Spargelbohnen (s. S. 20),
    ersatzweise grüne Bohnen
2 frische Zuckermaiskolben
1 Chayote (s. S. 20), ersatzweise
    Kohlrabi
2 Schalotten
ca. 5 cm Galgant (s. S. 18)
1 ½ l Wasser
3 Salamblätter (s. S. 19)
100 g Erdnüsse, natur
Salz
feiner Palmzucker (s. S. 15),
    nach Geschmack

_ Tamarindenmark in heißem Wasser einweichen. Spargelbohnen putzen, waschen und in 4 cm lange Stücke schneiden. Mais in ca. 3 cm dicke Scheiben schneiden. Chayote waschen, nach Bedarf dünn abschälen und in Würfel schneiden. Schalotten schälen und vierteln. Galgant waschen, putzen und in dünne Scheiben schneiden.
_ Wasser in einen Topf gießen. Mit durchgesiebtem Tamarindenmark sowie seinem Einweichwasser, Salamblättern und Galgant aufkochen. Mais, Spargelbohnen, Chayote und Erdnüsse dazugeben und ca. 30 Minuten bei niedriger Hitze kochen. Mit Salz und Palmzucker abschmecken. Salamblätter vor dem Servieren entfernen.

NASI AYAM BETUTU
BU KADEK WATI
Jalan Gatot Subroto
Tengah Nr. 59 D
Denpasar
Öffnungszeiten
8:00 – 15:00 Uhr

LAWAR AYAM

BOHNEN-KOKOSNUSS-GEMÜSE MIT HÄHNCHEN

*Lawar ist gemischtes, gekochtes Gemüse mit geraspelter Kokosnuss und Gewürzen.
Es gibt viele Rezeptvariationen: rein vegetarisch mit viel Gemüse oder
mit Hähnchen- und Schweinefleisch oder Fisch. Hier eine Variante mit Fleisch,
als Fisch eignet sich Tunfisch besonders gut.*

FÜR 4 PORTIONEN

4 Knoblauchzehen
4 Schalotten
6 Lichtnüsse (Kemiri, s. S. 13)
4 EL Öl
150 g Mungbohnensprossen
250 g Hähnchenhackfleisch,
    alternativ geht auch
    Schweinehack
300 g Spargelbohnen (s. S. 20),
    ersatzweise grüne Bohnen
300 g Chayote (s. S. 20), ersatz-
    weise Kohlrabi
Salz
200 g frische Kokosnuss
2 rote Chilischoten (s. S. 21)
Rohrohrzucker
3–4 EL Limettensaft

_ Zwei Knoblauchzehen und zwei Schalotten schälen. Knoblauch, Schalotten und Lichtnüsse mit einem Pürierstab vorsichtig zerkleinern.

_ 2 EL Öl in einer Bratpfanne erhitzen. Gewürzpaste darin andünsten und beiseitestellen. Mungbohnensprossen waschen und gut abtropfen lassen.

_ Restlichen Knoblauch und Schalotten schälen, in feine Scheiben schneiden. Übriges Öl in einer Bratpfanne erhitzen. Schalotten und Knoblauch darin golden anschwitzen. Herausnehmen und beiseitestellen. Hackfleisch im Bratfett krümelig anbraten. Salzen und pfeffern, ebenfalls beiseitestellen.

_ Spargelbohnen putzen, waschen und diagonal in zentimeterbreite Stücke schneiden. Chayote schälen und in Stifte schneiden.

_ Leicht gesalzenes Wasser in einem Topf zum Kochen bringen. Bohnen und Chayote darin etwa fünf Minuten bissfest garen, dann abtropfen lassen.

_ Kokosnuss reiben und ohne Fett in einer Bratpfanne unter Rühren goldgelb rösten.

_ Chilischoten putzen, waschen und in dünne Ringe schneiden. Alle Zutaten vermischen, mit Salz, Zucker und Limettensaft abschmecken.

RUND UM BALI

Nach einer letzten Übernachtung in Ubud verlassen wir unser „Basislager". Jedoch nicht, ohne uns vorher von Antonius zu verabschieden. Der Abschied ist ausgesprochen herzlich, fast schon sentimental. Antonius hat uns einige Besonderheiten Balis nahegebracht und uns immer wieder Tipps gegeben, die auch Jenny noch nicht kannte. Er wird irgendwann, vielleicht schon in den nächsten Tagen, neue Touristen in Empfang nehmen und auch ihnen möglicherweise die Geschichte von Opa erzählen. Wir haben die Touren im Zentrum und in den Süden dieser Trauminsel sehr genossen und werden für den Rest der Reise wieder vom Zweirad, dem Roller, aufs Auto umsteigen. Doch dieses Mal fahren wir selbst.

Mit dem Fahrzeug kehren wir nochmals an die im Süden gelegenen Traumstrände Balis zurück, an denen einem früher oder später durchaus auch Kühe begegnen können. Ein Anblick, bei dem man sich zuerst die Augen reibt und dann doch merkt, dass alles wirklich ist. Hier ist kein Zaun aufgestellt, um die Kühe von ihrem freudigen Strandspaziergang abzuhalten.

Dem weißen Sandstrand, den wir bei einem kleinen Abstecher nach Pantai Lebih in der Region Gianyar besuchen, folgen bald erdig braune Vulkankiesel und später, weiter im Osten und im Norden, sogar eine Steilküste, wie ich sie auf Bali nicht erwartet hätte. In Pantai Lebih gibt es nur wenig Touristen. Die meisten, die hier eher dem Müßiggang frönen, machen es sich unter Pavillons im Schatten bequem. Wir beobachten die Jukungs vom Strand aus und genießen im *Warung Indah* (s. S. 166) Fischkopfsuppe, eine lokale Spezialität, die es an jeder Straßenecke dieses hübschen Küstenörtchens gibt. Sie ist aber dort, auf dem u-förmigen Platz am Strand, besonders gut.

Es gibt hier, wie auch auf Java, nur eine einzige Sache, die mir ins Auge fällt und die mich stört. Abseits der touristischen Hauptrouten wird Plastikmüll, so wie früher vielleicht Naturabfälle, einfach auf die Straße geworfen. Leider bleibt er da liegen und macht keine Anstalten, zu verrotten oder sich gar in Luft aufzulösen. Ein kleiner Wermutstropfen in dieser sonst so schönen und zauberhaften Landschaft.

KLUNGKUNG

Von der Küste machen wir einen kleinen Abstecher nach Klungkung, der 25.000 Einwohner zählenden Hauptstadt des gleichnamigen Bezirks Klungkung, der mit seinen knapp 170.000 Einwohnern der kleinste Regierungsbezirk auf Bali ist. Klungkung wird auch Semarapura genannt. 1908 fand hier ein Kampf zwischen Balinesen und der niederländischen Kolonialmacht statt. Genauer gesagt war es ein sogenannter *Puputan*, was einer kollektiven Selbsttötung nahekommt. Der rituelle Tod im Kampf wurde einer Niederlage gegen die Niederländer vorgezogen. Dennoch landen wir nicht in einer Geisterstadt, sondern in einem durchaus lebendigen, hübschen Ort.

Fisch begegnen wir auf Bali häufig, so auch im *Warung Lesehan Martha Sari* (Jalan Pesingghan, Kec. Dawan, Kab. Klungkung; Öffnungszeiten: 8:00 – 18:00 Uhr; Spezialität: Fisch). Frei übersetzt heißt das, dass wir uns hier in einem Lädchen (*Warung*) auf einer Bambusmatte sitzend (*Lesehan*) befinden. Das *Warung Lesehan Martha Sari* besitzt jedoch auch Tische und Stühle für all jene, die nicht auf dem Boden sitzen wollen oder können. Dieses Restaurant liegt eher unscheinbar in einer Seitenstraße, die von der Schnellstraße zwischen Ubud und Klungkung abzweigt. Es wird überwiegend von Einheimischen besucht, was für uns ein gutes Zeichen für Qualität und Authentizität des Essens ist. Hier gibt es Fisch in allen Variationen, gegrillt, gebraten, gedämpft und gekocht. Wir bestellen ein Menü, das aus Reis, Fischsuppe mit Kokosmilch, Fischspießen, Fischküchlein, gedünstetem Gemüse, Erdnüssen und Sambal matah (s. S. 78) besteht. Sambal matah gehört zu der Unmenge an Sambals, die es in Indonesien gibt, und ist auch für Bali typisch. Es wird vorwiegend für Fisch und Hähnchen verwendet. Doch Vorsicht: Auch dieses Sambal ist sehr, sehr scharf und sollte nur dem an Schärfe gewohnten Gaumen zugemutet oder in homöopathischen Dosen verabreicht werden.

Sate lilit ikan

WÜRZIG PIKANTE FISCHSPIEßE MIT KOKOS

*Für diese typisch balinesische Spezialität sind feste helle Fischfilets geeignet,
z. B. Rotbarsch, Lengfisch, Seeteufel oder Steinbeißer.*

FÜR 4 PORTIONEN

2 Schalotten
2 Knoblauchzehen
1 lange, rote Gewürzpaprika
   (s. S. 21)
ca. 20 g frischer Ingwer
1 TL Korianderpulver
1 TL Kreuzkümmelpulver
1 TL Kurkumapulver
1 TL Garnelenpaste
   (Terasi, s. S. 17)
Pfeffer, frisch gemahlen
Salz
100 g Kokosnuss, frisch
   gerieben
600 g festfleischige Fischfilets
1 EL Limettensaft
2 EL Speisestärke
16 breite Holzspieße, gewässert

_ Schalotten und Knoblauch schälen. Gewürzpaprika waschen, putzen und grob hacken. Ingwer schälen und grob hacken. Alle Gewürze mit Koriander, Kreuzkümmel, Kurkuma, Garnelenpaste, Pfeffer und Salz in einem Mörser zu einer feinen Paste zerdrücken.

_ Kokosraspel ohne Fett in einer Bratpfanne goldgelb anrösten.

_ Fischfilets kalt abwaschen, trocken tupfen und mit einem großen Messer anschließend fein hacken. Mit Gewürzpaste, Limettensaft, Kokosraspeln und Stärke gut verkneten. In 16 gleichgroße Portionen aufteilen.

_ Spieße jeweils mit der Farce umhüllen, glatt formen und fest andrücken. Auf dem vorgeheizten Grill unter Wenden etwa fünf Minuten grillen.

WARUNG INDAH
Pantai Lebih
Gianyar
Öffnungszeiten:
9:00 – 22:00 Uhr

sate ikan

FISCHSPIEßE MIT ZITRONENGRAS

Für Fischspieße sind Filets von allen festfleischigen Fischen geeignet,
z. B. Tunfisch, Schwertfisch oder Lachs.

FÜR 4 PORTIONEN

1 Schalotten
2 Knoblauchzehen
2 Stängel Zitronengras
1 lange, rote Gewürzpaprika
  (s. S. 21)
2 EL süße Sojasauce
  (Kecap manis, s. S. 17)
1 EL Limettensaft
600 g festes Fischfilet
Salz
Holzspieße, gewässert
Sambal matah (s. S. 78)
Reis, gegart

_ Für die Marinade Schalotten und Knoblauch schälen. Zitronengras putzen, waschen und die äußeren Blätter entfernen. Nur das helle, weiche Innere verwenden. Gewürzpaprika putzen und waschen. Alle vorbereiteten Zutaten sehr fein hacken. Mit Sojasauce und Limettensaft verrühren.

_ Fischfilets mit kaltem Wasser waschen, trocken tupfen und in 3 cm große Würfel schneiden. Fischwürfel mit der Marinade vermischen. Je drei bis vier Stücke auf einen Holzspieß stecken. Auf dem vorgeheizten Grill etwa vier Minuten unter Wenden grillen.

_ Nach Geschmack salzen und mit Sojasauce, Sambal matah sowie Reis servieren.

WARUNG LESEHAN
MARTHA SARI
Jalan Pesingghan, Kec. Dawan
Kab. Klungkung
Öffnungszeiten
8:00 – 18:00 Uhr

Das *Warung Lesehan Martha Sari* liegt nicht weit entfernt vom bekannten Fledermaustempel, dem *Pura Goa Lawah*, an der Südostküste Balis. Als jemand, der lieber abseits der üblichen touristischen Pfade unterwegs ist, kann ich auch hier einen Besuch absolut empfehlen. Es verhält sich ganz ähnlich wie beim *Candi Borobudur* (Seite 56) auf Java. Erst muss ich gedrängt werden, mir den Tempel anzusehen und dann bin ich vollkommen begeistert. Seine Geschichte und die Geschichten, die sich um den Tempel und die Fledermaushöhlen ranken, könnten ein eigenes Kapitel abgeben, doch wir befinden uns hier auf einer kulinarischen Reise und deshalb nur so viel:

Der Tempel Goa Lawah wurde 1007 gegründet und ist für alles zuständig, was in irgendeiner Form mit dem Jenseits zu tun hat. Hier werden vor allem Feuerbestattungen abgehalten. Das ist unter rationalen Gesichtspunkten praktisch, da die Asche direkt im angrenzenden Meer verstreut werden kann. In den hinter dem Tempel befindlichen Höhlen wohnen Tausende von Fledermäusen, die sich durch die Touristen nicht stören lassen. Der Legende nach leben hier auch zwei Schlangen. Man vermutet tatsächlich Pythons, die sich von den Fledermäusen ernähren. Wie viele Fledermäuse hier tatsächlich ihr Habitat haben und wie weit die Höhle in den Berg hineinreicht, weiß niemand so genau. Für die Balinesen ist klar, dass es viele Kilometer sein müssen, die eine Verbindung zwischen der Ober- und der Unterwelt bilden.

Doch zurück zu unserer „Rund um Bali"-Route: Sie führt uns um die Insel über Amlapura, ganz im Osten, nach Singaraja, im Norden. Wir biegen immer wieder von der Küstenstraße ab, um kleinere Abstecher ins Inselinnere zu machen. Und genießen die Natur, die an vielen Stellen unberührt scheint. Die vulkanischen Böden breiten die gesamte Kraft ihrer Fruchtbarkeit vor uns aus. Die Vegetation ist so üppig, dass ich beginne, die besitzhungrigen Kolonialherren der vergangenen Jahrhunderte zu verstehen, die sich dieses herrliche Fleckchen Erde zu Eigen machen wollten. Hier gedeiht wirklich alles: Kakao, Mangos, Guaven, wohlschmeckende grüne (!) Orangen, Salak- und Jackfrucht, Rambutan, Bananen, Kokos, Chili, Tee und vieles mehr. Die Bezeichnung „Trauminsel" kommt mir immer wieder in den Sinn und ich finde sie, jetzt wo ich vor Ort bin, nicht übertrieben. Nun bringe ich auch die Bilder aus den Hochglanzprospekten zusammen mit dem, was das Auge fassen, die Nase riechen und der Gaumen schmecken kann.

Goreng pisang

FRITTIERTE BANANEN

In Indonesien gibt es eine Vielzahl an Bananenarten. Für diesen beliebten Snack werden dort gerne Mini-Bananen verwendet. Die kleinen Häppchen werden den ganzen Tag über auf der Straße angeboten.

FÜR 12 STÜCK

175 g Weizenmehl, Type 405
25 g Speisestärke
1 Ei
50 g Rohrohrzucker
1 Pck Vanillezucker
¼ TL Salz
200 ml Wasser
4 mittelgroße Bananen
Öl zum Frittieren

_ Mehl, Stärke, Ei, Zucker, Vanillezucker und Salz mit Wasser glattrühren. Eine halbe Stunde quellen lassen.
_ Öl zum Frittieren auf etwa 170 °C erhitzen.
_ Bananen schälen und quer halbieren. In den Teig eintauchen, etwas abtropfen lassen und im heißen Öl goldbraun frittieren.

BIJI SALAK

SÜßKARTOFFELBÄLLCHEN MIT KOKOSMILCH

Eine Süßspeise, die während des Ramadan häufig verkauft wird und sehr beliebt ist. Es sind kleine Bällchen aus Süßkartoffeln, die mit Kokosmilch und Palmzucker gekocht werden. Man kann sie warm oder kalt mit Eiswürfeln genießen.

FÜR 4–6 PORTIONEN

2 Pandanblätter (s. S. 19)
180 g Palmzucker (s. S. 15),
   grob gehackt
1,2 l Wasser
Salz
200 g Tapiokamehl (s. S. 15)
400 g Süßkartoffeln
400 ml Kokosmilch

_ Pandanblätter waschen und grob zerkleinern.
_ In einem Topf Palmzucker, Wasser, die Hälfte der Pandanblätter und ¼ TL Salz aufkochen. So lange rühren, bis sich der Zucker aufgelöst hat. 1 EL Tapiokamehl mit 4 EL Wasser glattrühren. In den Topf geben, unter Rühren aufkochen und den Topf vom Herd nehmen.
_ Süßkartoffeln schälen, waschen und in Würfel schneiden. Im Dämpfeinsatz über kochendem Wasser zugedeckt ca. 30 Minuten garen. Durch die Kartoffelpresse drücken. Mit dem restlichen Tapiokamehl verkneten. Aus der Masse kleine Bällchen formen.
_ Leicht gesalzenes Wasser in einem Topf aufkochen und Hitze reduzieren. Süßkartoffelbällchen im nun siedenden Salzwasser ziehen lassen, bis sie an der Oberfläche schwimmen. Mit einem Schaumlöffel herausnehmen, abtropfen lassen und in die Palmzuckersuppe geben.
_ Kokosmilch und restliche Pandanblätter mit ¼ TL Salz aufkochen. Süßkartoffelbällchen in der Palmzuckersuppe mit der aromatisierten Kokosmilch servieren, vorher die Palmblätter entfernen.

Das Leben und Treiben in den kleinen Ortschaften, durch die wir natürlich mit heruntergelassenen Fensterscheiben fahren und dabei immer wieder anhalten, bezaubert uns. Die kleinen Dörfer, die wir durchqueren, haben meist nur eine einzige Straße, die Hauptstraße. Querstraßen gibt es auch hier eher selten. Die Orte, manchmal handelt es sich lediglich um eine Ansammlung von wenigen Häusern oder Hütten, gehen daher eher in die Länge und nicht in die Breite; ebenso wenig wie die Menschen auf Bali, obwohl sie für unsere Verhältnisse pausenlos essen. Das einzige, was hier in die Breite geht, sind die abenteuerlich beladenen Lastwagen. Rechts und links quillt alles heraus und man befürchtet, dass sie jeden Moment unter ihrer Last einfach nur ächzend zusammenbrechen. Die Gefährte scheinen jedoch ausgesprochen stabil zu sein. Liegengebliebene Lkw haben wir auf unserer gesamten Reise jedenfalls nicht gesehen.

Doch nicht nur übervolle Lastwagen kreuzen unseren Weg, auch – fast hätte man es geahnt – Garküchen treffen wir hier an. Selbst in den entlegensten Orten kurven überladene Zweiräder mit essbaren, frisch zubereiteten Köstlichkeiten herum. Manchmal offerieren sie „nur" gegrillte Maiskolben oder frische Kokosnüsse, was den Geschmack der einzelnen Speisen jedoch in keiner Weise beeinträchtigt. Die Straßenverkäufer, die auf Bali Essen verkaufen, sind wie die Straßenverkäufer auf Java. Sie unterscheiden sich nur darin, dass es auch Schweinefleisch und häufig Fisch gibt. Der Fisch wird gekocht oder gegrillt und in Bananenblättern serviert. Das macht einem die Nähe zum Meer und die Verbundenheit zu allem, was der große Ozean an Köstlichkeiten zu bieten hat, immer wieder bewusst.

AMLAPURA

Ein weiterer, sehr empfehlenswerter Stopp ist Amlapura, die mit ca. 30.000 Ein-wohnern größte Stadt im Osten Balis. Wobei ich hier nicht die Stadt selbst meine, sondern vor allem den in ihrer Nähe gelegenen Wasserpalast. Amlapura hat gleich mehrere Paläste, einen in jeder Himmelsrichtung. Diese sind mehr oder weniger gut erhalten. Bei einem der letzten Vulkanausbrüche des *Gunung Agung* 1963 und bei einem Erdbeben 1979 wurden sie zum Teil schwer beschädigt. Einige Paläste wurden teilweise wieder aufgebaut. Manche Bereiche werden jedoch der Natur überlassen, die mit ihrem Grün die Steine der ehemaligen Mauern oder dem, was davon übrig geblieben ist, überzieht. Das, was noch oder wieder zu sehen ist, zeugt von der ehemaligen Pracht dieser Bauten, die schon allein durch ihre enorme Größe unsere europäischen Vorstellungen von Palästen übertreffen. Von gigan-tischen Ausmaßen zu sprechen, scheint mir an dieser Stelle nicht übertrieben. Übrigens besucht nicht nur der Fremde, sondern auch der Balinese mit seiner Familie die früher von den Königen bewohnten Gebäude. Also keine Ansammlung vorwiegend westlicher Touristen an diesem Ort, was mir gut gefällt.
Besondere Erwähnung verdient der nur wenige Kilometer nördlich von Amlapura gelegene Wasserpalast *Tirta Gangga*. *Tirta Gangga* heißt wörtlich übersetzt heiliges Wasser des Ganges. Jenny besteht auf einen Besuch, und nach meinen bisherigen Erlebnissen auf dieser Reise, muss ich dieses Mal nicht überredet werden, dem Palast beziehungsweise den Palastanlagen Zeit für einen Aufenthalt zu widmen.

Pepes ikan

GEGRILLTER FISCHKUCHEN IM BANANENBLATT

Ein Bananenblatt ist sehr wichtig für dieses Rezept, da es sein typisches Aroma an den Fisch weitergibt. Bananenblätter sind im Asialaden oder online bei Lebensmittelversendern erhältlich.

FÜR 4 PORTIONEN

2 Schalotten
2 Knoblauchzehen
1 Stängel Zitronengras
1 lange, rote Gewürzpaprika
　(s. S. 21)
30 g frischer Ingwer
Salz
3 Kaffirlimettenblätter (s. S. 18)
800 g festfleischige Fischfilets,
　z. B. Dorade, Wolfsbarsch,
　Lachs oder Tunfisch
1 Ei
16 Bananenblätter (20 × 25 cm)
32 kleine Holzspießchen

_ Schalotten und Knoblauch schälen, beides fein hacken. Zitronengras putzen, waschen und die äußeren Blätter entfernen. Das helle Innere sehr fein schneiden. Gewürzpaprika putzen, waschen und hacken. Ingwer schälen und fein hacken. Alle Gewürze mit ½ TL Salz in einem Mörser zu einer feinen Paste zerdrücken.

_ Kaffirlimettenblätter waschen und fein hacken. Fisch mit kaltem Wasser waschen, trocken tupfen und fein hacken. Mit Gewürzpaste, Kaffirlimettenblättern und Ei gut vermischen. In 16 Portionen aufteilen.

_ Pro Bananenblatt eine Portion der Füllung in die Mitte setzen. Seitlich einschlagen, aufrollen und die Enden mit Holzspießchen fest verschließen.

_ Auf dem vorgeheizten Grill etwa sechs Minuten unter Wenden grillen.

PANGSIT KUAH

WAN-TAN-SUPPE MIT PAK CHOI

Wan Tan sind die berühmten Taschen aus Weizennudelteig mit einer Füllung aus Hackfleisch, verschiedenem Gemüse und Pilzen. Wan-Tan-Suppe wird in Indonesien als Vorspeise serviert. Es gibt auch frittierte Wan Tan, die Pangsit goreng heißen, und als Snack mit Chilisauce gereicht werden.

FÜR 4 PORTIONEN

250 g Pak Choi
2 Schalotten
2 Knoblauchzehen
ca. 30 g frischer Ingwer
3 EL Öl
1,2 l Hühnerbrühe (s. S. 113)
2 Frühlingszwiebeln
100 g Garnelen, Schale und Darm entfernt (bei TK-Qualität, aufgetaut)
100 g Hackfleisch vom Schwein oder Hähnchen
1 EL Speisestärke
1 TL Fischsauce (Kecap ikan, s. S. 17)
1 TL Sesamöl
Salz
Pfeffer, frisch gemahlen
ca. 30 Wan-Tan-Blätter (bei TK-Qualität, aufgetaut)
1 Eiweiß
2 EL Selleriegrün, gehackt

_ Pak Choi putzen, waschen und in mundgerechte Stücke schneiden. Schalotten, Knoblauch und Ingwer schälen und sehr fein hacken.

_ Öl in einem Topf erhitzen. Schalotten, Knoblauch und Ingwer darin anbraten. Mit Brühe ablöschen, aufkochen und beiseitestellen.

_ Frühlingszwiebeln putzen, waschen und fein schneiden. Garnelen waschen, trocken tupfen und hacken. Mit Frühlingszwiebeln, Hackfleisch, Stärke, Fischsauce und Sesamöl gründlich verkneten. Mit Salz und Pfeffer abschmecken.

_ Je 1 TL Füllung auf ein Wan-Tan-Blatt setzen, die Ränder mit etwas Eiweiß bestreichen. Teig über der Füllung flach zusammenfalten und etwas andrücken.

_ Leicht gesalzenes Wasser in einem Topf zum Kochen bringen. Hitze etwas reduzieren und die Wan Tan im siedenden Salzwasser so lange ziehen lassen, bis sie an der Oberfläche schwimmen.

_ Hühnerbrühe zum Kochen bringen. Pak Choi darin drei Minuten blanchieren.

_ Wan Tan auf Suppenschüsseln verteilen, mit dem Pak Choi und der heißen Brühe aufgießen. Mit Selleriegrün bestreuen und servieren.

Um zum *Tirta Gangga* zu gelangen, sollte man als Autofahrer genau auf die spärliche Beschilderung achten und nicht zu ängstlich sein, denn die Fahrt in die Berge zum *Tirta Gangga* kann einem die eine oder andere zusätzliche Schweißperle auf die Stirn treiben. Vor allem, wenn man sich so wie wir völlig verfährt und auf ungeteerten Wegen landet. Die Hauptstraße, die dorthin führt und die wir für die Rückfahrt nehmen, hat etwas von einer alten, schmalen, hügeligen und zum Glück asphaltierten Passstraße. Ich sehne mich schon nach unserem Zweirad, der alten BMW, die auf Java geblieben ist. Die kurvenreiche Fahrt wäre damit sicherlich erfrischender gewesen.

Am *Tirta Gangga* angekommen, werden wir für die kleine, ungewollte Strapaze des Aufstiegs, besser gesagt der Auffahrt, großzügig entschädigt. Die auf drei Ebenen gebaute Anlage misst 1,2 Hektar. Mit ihren wunderschönen Teichen mit kunstvollen Wasserspeiern und Fischen wie zum Beispiel Koi, Becken mit Lotusblumen und einem für alle zugänglichen Schwimmbad, einem pagodenförmigen Brunnen und im Garten aufgebauten Steinstatuen ist der Aufenthalt im *Tirta Gangga* einfach einzigartig. Das saftige Grün trägt in allen seinen Schattierungen zum Wohlbefinden bei. Da das Wasser für alle Becken und Brunnen aus heiligen Quellen oberhalb des Palastes kommt, glauben manche Besucher daran, dass ein Bad in diesem Wasser ewige Jugend verspricht ...

Und, um bei unserem Thema Streetfood zu bleiben: Eine Vielzahl an kleinen Warungs auf dem Gelände sorgt dafür, dass hier niemand Hunger leiden muss. Die Auswahl ist vielfältig. Jede Küche bietet etwas anderes an. Welchen Warung sollen wir ansteuern? Nach was steht uns der Sinn? Eine Münze werfen hilft auch nicht weiter, da es mehr als zwei sind und so folgen wir einfach unseren Augen und Nasen und treffen, wie immer beim Essen auf Bali, die richtige Wahl.

DIE NORDKÜSTE BALIS

Nach dem Besuch des Wasserpalastes verlassen wir die Region um Amlapura wieder. Jenny hatte mich schon darauf vorbereitet, dass es immer leerer und ursprünglicher würde, je weiter wir nach Norden kämen. Und so ist es auch: Wir begegnen nur noch wenigen Touristen. Lediglich einzelne Tauchreviere, die schönsten sollen im Nordosten Balis liegen, ziehen Gäste an die karstige Küste mit ihren steinigen Stränden. Wir bedauern schon fast, dass wir nicht tauchen können. Nicht nur der Wasserpalast, auch die Welt unter Wasser muss hier sehr sehenswert sein. Und ganz nebenbei könnte man sich anschauen, was morgens, mittags oder abends in den Topf oder auf den Grill kommt.

Das Essen auf Bali ändert sich in Richtung Norden kaum mehr, was nicht heißen soll, dass es langweilig wird. Es gibt überall herrlichen Fisch und Meeresfrüchte und die kleineren Läden bieten das an, was tagsüber gefangen wurde. In vielen Restaurants gibt es zwar eine kleine Speisekarte, doch viel spannender finden wir es, die Auslage zu betrachten, hin und her zu überlegen, abzuwägen, um dann einen der Fische und die Form der Zubereitung selbst auszuwählen. Das Fangglück des Fischers ist auch unser Glück. Die Fische, die hier angeboten werden, haben so klangvolle Namen wie *Baronang, Bawal hitam, Krisi, Krapu, Kwe* oder *Tongkol*. Egal wie sie heißen, sie schmecken alle köstlich und ich bin mir nicht mehr sicher, ob wir sie in alphabetischer Reihenfolge, nach der Größe oder einfach nur nach und nach gegessen haben.

Da sich im Norden einer Perlenkette gleich ein Fischerort an den anderen reiht, können wir Fischfeinschmeckern einen Abstecher dorthin sehr empfehlen und ihnen mit auf den Weg geben, möglichst alles zu probieren, was das Meer und die balinesische Küche zu bieten haben.

IKAN BUMBU PEDAS

GEGRILLTER FISCH MIT SCHARFER SAUCE

Damit die Sauce nicht zu scharf ist, wurde hier ein Teil der üblichen Chilischoten durch rote Gewürzpaprika ersetzt. Wer mutig ist, kann wieder nach Geschmack tauschen oder die beiden scharfen Schoten mischen.

FÜR 4 PORTIONEN

4 festfleischige, ganze Fische
  (à 400 g), z. B. Dorade,
  küchenfertig
süße Sojasauce
  (Kecap manis, s. S. 17)
1 EL Limettensaft
½ TL Pfeffer, frisch gemahlen
Salz
2 TL Ingwer, frisch gerieben
2 Schalotten
2 Knoblauchzehen
2 rote Chilischoten (s. S. 21)
8 lange, rote Gewürzpaprika
  (s. S. 21)
1 Tomate
3 EL Öl
Limettenscheiben
einige Korianderstängel

_ Fisch mit kaltem Wasser innen und außen waschen, trocken tupfen und die Haut schräg einschneiden. Mit einer Marinade aus 6 EL Sojasauce, Limettensaft, Pfeffer, Salz und Ingwer innen sowie außen einreiben und etwa eine Stunde ziehen lassen.

_ In der Zwischenzeit Schalotten und Knoblauch schälen, grob hacken. Chilischoten und Gewürzpaprika putzen, waschen und grob hacken. Schalotten, Knoblauch, Chili, Gewürzpaprika und ½ TL Salz in einem Mörser zu einer Paste zerkleinern.

_ Tomate waschen, Stielansatz entfernen und die Tomate grob hacken.

_ Öl in einer Bratpfanne erhitzen. Gewürzpaste darin anbraten und Tomate hinzufügen. Mit Sojasauce und Limettensaft abschmecken, vom Herd ziehen und beiseitestellen.

_ Fische auf dem vorgeheizten Grill etwa zehn Minuten unter Wenden grillen. Oder im auf 200 °C vorgeheizten Backofen etwa 15 Minuten garen.

_ Mit der scharfen Sauce, Limettenscheiben und frischem Koriander nach Geschmack servieren.

Plecing kangkung

WASSERSPINAT MIT CHILISAUCE UND ERDNÜSSEN

Plecing kangkung ist ein balinesisches Gericht, das als Beilage zu Fisch und Fleisch serviert wird. Gute Asialäden haben glücklicherweise frischen Wasserspinat im Angebot.

FÜR 4 PORTIONEN

2 rote Chilischoten (s. S. 21)
3 lange, rote Gewürzpaprika
  (s. S. 21)
2 Knoblauchzehen
4 Schalotten
2 Tomaten
1 TL Garnelenpaste
  (Terasi, s. S. 17)
3 EL Öl
Salz
1 TL feiner Palmzucker (s. S. 15)
1 kg Wasserspinat
4 EL ungesalzene Erdnüsse,
  geröstet

_ Chilischoten und Gewürzpaprika putzen, waschen und grob hacken. Knoblauch und Schalotten schälen, ebenfalls hacken. Die vier Zutaten in ein hohes Gefäß geben und mithilfe eines Pürierstabs zerkleinern.

_ Tomaten waschen, Stielansätze entfernen und die Tomaten hacken.

_ Öl in einer Bratpfanne erhitzen. Garnelenpaste und die Chilimischung darin anbraten. Tomaten dazugeben, mit Salz und Palmzucker abschmecken, kurz aufkochen.

_ Wasserspinat putzen, waschen und klein schneiden. Leicht gesalzenes Wasser in einem Topf zum Kochen bringen. Wasserspinat darin drei Minuten blanchieren. Mit einem Schaumlöffel herausnehmen und mit kaltem Wasser abschrecken. Gut abtropfen lassen und etwas ausdrücken.

_ Wasserspinat auf eine Platte geben. Chilisauce und Erdnüsse darauf verteilen.

Sup aneka ikan santan

MEERESFRÜCHTESUPPE MIT KOKOSMILCH

Diese feine Fischsuppe wird aus Meeresfrüchten und Fisch mit Kokosmilch und vielen Gewürzen zubereitet. Eine herrliche Suppe, die wir auf Bali zu den unterschiedlichsten Tages- und Nachtzeiten sehr genossen haben

FÜR 4 PORTIONEN

2 Schalotten
2 Knoblauchzehen
ca. 30 g frischer Galgant
  (s. S. 18)
ca. 30 g frischer Ingwer
3 Stängel Zitronengras
6 Lichtnüsse (Kemiri, s. S. 13)
1 EL Kurkumapulver
Pfeffer, frisch gemahlen
Salz
600 g feste Fischfilets, z. B.
  Lengfisch, Seeteufel oder
  Rotbarsch
8 Riesengarnelen, küchenfertig
  (bei TK-Qualität, aufgetaut)
4 kleine Tintenfische,
  küchenfertig
3 EL Öl
600 ml Fischfond aus dem Glas
400 ml Kokosmilch
3 Salamblätter (s. S. 19)
2 EL Limettensaft
2 Zweige Koriander, Blättchen
  abgezupft
2 rote Chilischoten (s. S. 21)

_ Schalotten und Knoblauch schälen. Galgant und Ingwer schälen und grob hacken. Zitronengras putzen, die harten äußeren Blätter entfernen. Das zarte, helle Innere fein hacken. Schalotten, Knoblauch, Galgant, Ingwer und Zitronengras mit Lichtnüssen, Kurkuma, Pfeffer und ½ TL Salz in einem Mörser zu einer feinen Paste zerdrücken.

_ Fisch mit kaltem Wasser waschen, trocken tupfen und in Stücke schneiden. Riesengarnelen abspülen. Tintenfische putzen und waschen.

_ Öl in einem Topf erhitzen. Gewürzpaste darin anbraten. Mit Fischfond und Kokosmilch ablöschen. Aufkochen und Fischstücke, Garnelen, Tintenfische und Salamblätter dazugeben. Deckel auflegen und etwa zehn Minuten köcheln lassen.

_ Salamblätter entfernen, mit Salz und Limettensaft abschmecken. Nach Belieben mit Korianderblättchen und Chiliringen servieren.

Im Norden fährt man an der Küste wieder auf Meeresspiegelhöhe entlang. Die Strände sind braun oder schwarz und deren Steine sind vulkanischen Ursprungs. Hinter dem Strand liegt das tiefblaue Meer, am Horizont sieht man den hellblauen Himmel und beim Blick ins Landesinnere, entdeckt man wieder diese vielen satten, fast knalligen Grüntöne. Wenn man tief einatmet und die Augen dabei schließt, ergibt sich eine Geruchsmischung, die pure Frische ausdrückt. Diese Übung sollte man jedoch nur machen, wenn man Beifahrer ist oder gerade einen Halt macht. Das Meer, das hier *Bali See* heißt, ist im Gegensatz zum Indischen Ozean im Süden der Insel sehr ruhig, was unter anderem an einer Vielzahl vorgelagerter Inseln liegt. Überhaupt geht es im Norden Balis viel ruhiger zu als im quirligen Süden. Der Un-

terschied ist ganz deutlich zu spüren. Wenn jemand das eher meditative Flair Balis sucht, das nicht nur inszeniert, sondern ursprünglich ist, ist er im Norden auf jeden Fall bestens aufgehoben. Hier ist es selbstverständlicher, sich fallen zu lassen, zu meditieren und innere Ruhe zu suchen. Auch die Menschen im Norden Balis strahlen diese ganz besondere Ruhe aus, die anders ist, als das, was ich bisher auf dieser Reise erlebt habe.

Ein Bild, das mir aus dieser Region bleiben wird, sind die Männer, die am Straßen-rand sitzen, und Körbe dabei haben, in denen Hähne sind. Was es damit auf sich hat, erschließt sich mir zunächst nicht. Doch dann bekomme ich die Erklärung: Sie sind für Hahnenkämpfe gedacht. Der Hahnenkampf ist in Indonesien zwar verboten, da er dem Glücksspiel gleichgestellt wird und sich so nicht mit dem Islam vereinbaren lässt, doch auf Bali beruft man sich auf die religiöse Freiheit und pflegt diese alte Tradition. Manche bezeichnen den Hahnenkampf auch als Sport, der hinter Tempel-mauern stattfindet. Einige der Männer sitzen einfach so da. Sie reden nicht. Andere tauschen sich intensiv aus. Wieder andere beschäftigen sich damit, ihre Hähne zu streicheln, sie zu waschen und zu putzen. Jenny erzählt mir, dass man sich auf Bali augenzwinkernd erzählt, dass diese Männer ihre Hähne besser behandelten als ihre Frauen.

Wir haben auf unserer Reise viele Menschen gesehen und kennengelernt. Was sie mir vermittelten, ist ein Ausdruck von innerer Ruhe und Zufriedenheit, den ich mit nach Hause nehmen werde. Einigen Menschen bei uns würde ein „ich sitze nur da" oder „ich bin zufrieden" sicherlich mal ganz gut tun. Vielleicht werden die Menschen auf Bali aber auch mit dieser inneren Ruhe geboren? In der Zwischen-

zeit beginne ich zu glauben, dass es Ruhe und Lächeln bei der Geburt höchst-wahrscheinlich gratis dazugibt.

Der Roadtrip auf Java mit dem Motorrad, das Treiben in den Palästen und das Strandleben im Süden Balis sind hier im Norden der Insel ganz weit weg. Die Ruhe ist ansteckend. Dieses Om, auch nach hinduistischem Verständnis der Urklang und das Heiligste aller Mantren, ist an manchen Orten sehr präsent.

JUS ALPUKAT

AVOCADO-SMOOTHIE

Dieser Smoothie ist ein beliebtes Getränk in Indonesien.
Die dickflüssige, gesüßte Kondensmilch gibt es in Asialäden und ist nicht mit
Kondensmilch für Kaffee zu vergleichen.

FÜR 4 GLÄSER

4 reife Avocados
4 EL Vanillesirup
4 Tassen Crushed Ice
4 EL gesüßte Kondensmilch
4 EL Schokoladensauce

_ Avocados längs halbieren und die Steine entfernen. Das Fruchtfleisch mit einem Löffel herausheben.
_ Avocado, Vanillesirup, Crushed Ice und Kondensmilch in einen Standmixer geben und auf höchster Stufe kurz pürieren.
_ Je 1 EL Schokoladensauce an den Innenseiten der Gläser entlanggießen. Mit dem Smoothie füllen und sofort servieren.

JUS BUAH NAGA

DRACHENFRUCHT-SMOOTHIE

Man kann zwischen gelber und pinkfarbener Drachenfrucht wählen, ihr Frucht-
fleisch kann weiß oder rot sein. Ein tolles Sommergetränk!

FÜR 4 GLÄSER

2 Drachenfrüchte (Pitahaya), weiß- oder rotfleischig
4 Tassen Crushed Ice
2 EL Limettensaft
4 EL Rosensirup (im Asialäden oder im arabischen Lebensmittelhandel)

_ Drachenfrüchte halbieren und das Fruchtfleisch mit einem Löffel herausnehmen. Mit Crushed Ice, Limettensaft und Rosensirup in einen Standmixer geben und auf höchster Stufe kurz pürieren.
_ In Gläser gießen und sofort servieren.

EXKURS

Zum Übernachten suchen wir uns auf Bali über Internetportale sogenannte Home-stays. Auch in Zeiten moderner Hotellerie gibt es hier die Möglichkeit, in Unter-künften mit ursprünglichem Charme zu übernachten. Das heißt, dass man sich mit-ten in der Stadt in einem einfachen Haus oder auf dem Land auf einem Grundstück mit diversen zusammengehörigen Häusern einfindet. Die Zimmer geben einem in ihrer eleganten Schlichtheit ein Wohlfühl-Gefühl. Der Service ist da, sonst wäre es nicht so hübsch und sauber, doch er ist nicht aufdringlich. Alles ist sehr zurückhal-tend. Wenn man es wünscht, wird einem zum Frühstück ein Kaffee oder Tee und ein kleiner Pfannkuchen serviert. Oder man nimmt sich die Freiheit, sich einfach nur selbst überlassen zu sein.

SINGARAJA

Die letzten Stationen an der nördlichen Küste Balis sind Singaraja und Seririt, bevor uns unser Weg wieder ins Landesinnere führt. Singaraja war bis zur Unabhängigkeit Indonesiens das Verwaltungszentrum der kolonialen Provinz Bali. Heute ist sie die zweitgrößte Stadt der Insel und immer noch von ihrer Kolonialarchitektur geprägt. Der Küstenstreifen zwischen Singaraja und Seririt ist landschaftlich sehr reizvoll. Rechts schaut man auf die ruhige Bali See und links erstreckt sich eine saftig grüne, hügelige Landschaft mit ihren Vulkankegeln. Ein Anblick, den ich schon kenne, den ich zu beschreiben versuche und an dem ich mich einfach nicht sattsehen kann. Apropos satt: Wir haben noch eine eingeplante Streetfood-Station auf unserem Weg und auch diese, das ahne ich jetzt schon, wird uns wieder mit unglaublichen Köstlichkeiten versorgen.

Noch einmal oder wieder einmal geht es zum Essen. In Singaraja besuchen wir das *Ikan Bakar Tanjung Alam Lovina* (Jalan Raya Singaraja-Seririt, Kalibukbuk, Singa-raja; Öffnungszeiten: 9:00 – 22:00 Uhr; Spezialität: gegrillte Meeresfrüchte), das sich an der Straße beziehungsweise am Strand zwischen Singaraja und Seririt befindet. Was liegt hier näher als gegrillten Fisch zu essen. Im *Tanjung Alam Lovina* sucht man sich seinen Fisch – und hierin sind wir schließlich schon geübt – selbst aus. Die Beilagen bestellt man extra und die Auswahl ist reichlich. Nehmen wir wieder alles? Da lobe ich mir doch fast schon die einfachen Garküchen mit nur einem Gericht. Dort muss man sich wenigstens nicht entscheiden. Ein Besuch im *Tanjung Alam Lovina* ist auch jenen zu empfehlen, die keinen Fisch mögen. Man kann dort zwischen Häh-nchenfleisch, Gemüse und Suppe auswählen. Eine leichte Meeresbrise und der Blick auf die bunten Fischerboote und in die Weite begleiten erneut den kulinarischen Ge-nuss.

Ikan bakar

GEGRILLTER FISCH MIT SAMBAL MATAH

Bei dieser typischen Zubereitung werden die Fische seitlich der Länge nach vom Rücken oder Bauch aufgeschnitten, je nachdem, wie sie vom Fisch-händler ausgenommen wurden. Etwas ungewöhnlich für Europäer, aber der auseinandergeklappte Fisch gart schneller.

FÜR 4 PORTIONEN

4 Schalotten

2 Knoblauchzehen

2 lange, rote Gewürzpaprika
   (s. S. 21)

ca. 30 g frischer Ingwer

1 TL Salz

½ TL Pfeffer, frisch gemahlen

4 ganze Fische mit festem
   Fleisch, z. B. Doraden, küchenfertig

4 EL süße Sojasauce
   (Kecap manis, s. S. 17)

1 EL Limettensaft

2 EL Öl

Sambal matah (s. S. 78)

einige Salatblätter

½ Salatgurke, in Scheiben
   geschnitten

4 Tomaten, in Scheiben
   geschnitten

_ Schalotten und Knoblauch schälen und fein hacken. Gewürzpaprika putzen, waschen und hacken. Ingwer schälen und hacken. Schalotten, Knoblauch, Ingwer und Gewürzpaprika mit Salz und Pfeffer in einem Mörser zu einer feinen Paste zerdrücken.

_ Fische innen und außen abspülen, trocken tup-fen. Mit einem Messer seitlich der Länge nach so weit aufschneiden, dass eine große, zusammen-hängende Fischfläche entsteht. Fische mit der Gewürzpaste einreiben.

_ Auf dem vorgeheizten Grill etwa fünf Minuten von jeder Seite grillen. Zwischendurch mit einer Marinade aus Sojasauce, Limettensaft und Öl beträufeln.

_ Mit Sambal matah, Salatblättern, Gurken- und Tomatenscheiben servieren. Dazu passen gegar-ter Reis und Wasserspinat (Seite 187).

Zum Essen gehört auch auf Bali gerne mal ein gutes Getränk. Ich meine damit nicht nur den erfrischenden Grünen Tee oder die weltweit bekannten Cocktails und Smoothies, sondern Wein, und zwar den, der auf Bali angebaut wird. Ja, es gibt balinesischen Wein.

Unweit von Singaraja in Richtung Westen befindet sich das einzige Weinanbaugebiet Indonesiens. *Hatten Wines* (Adresse, s. S. 212) wurde 1994 von Ida Bagus Rai Budarsa, gegründet. Er gilt als der Weinpionier Indonesiens und ist im „Nebenberuf" Hindupriester. Aufgrund des besonderen Klimas können die Trauben für den Wein drei Mal jährlich geerntet werden. Um die Reben vor Sonne und Regen zu schützen, werden sie an überdachten Spalieren, der sogenannten Pergola gezogen, die ganz nebenbei auch noch die Arbeiter schützt. Bekannt wurde *Hatten Wines* mit einem Rosé, der bis heute gut gekühlt zu fast allen Gerichten serviert werden kann. In der Zwischenzeit konzentriert man sich stärker darauf, Wein für die schmackhaft würzigen und scharfen Speisen der indonesischen Küche und für das tropische Klima herzustellen. Erwarten Sie also keinen zu hochwertigen oder hochpreisigen Wein. Dennoch können wir sowohl den Weißen wie auch den Roten zur indonesischen Küche empfehlen. *Hatten Wines* liefert auf Bali überwiegend an ausgewählte Hotels und Restaurants.

SERIRIT

Ab Seririt, einem eher verschlafenen Städtchen, das erst nachts beziehungsweise durch den Nachtmarkt zum Leben erweckt wird, kehren wir ins Landesinnere zurück. Es gibt kaum Geschäfte an der Straße oder in den kleinen Ortschaften, die wir durchqueren. Die Hauptstraßen entsprechen von ihrer Beschaffenheit her eher unseren Landwirtschaftswegen und die Autofahrt erfordert höchste Konzentration. Nun bin ich froh, dass wir vier und nicht nur zwei Räder unter uns haben, denn auf dem Motorrad käme die Fahrt einem Motocross-Parcours recht nahe. Auch hier begegnen wir Straßenküchen, die die Menschen vor Ort und natürlich uns versorgen. Selbst einen mobilen Friseur treffen wir auf der Straße an. Er sitzt unter einem Baum, hat einen Stuhl, Schere, Kamm und Spiegel bei sich und wartet auf Kunden. Mehr als diese Utensilien und ein schattiges Plätzchen braucht er für sein Geschäft nicht.

Und dann, plötzlich hinter einer Bergkuppe, treffen wir auf eine Prozession. Ich mache eine Vollbremsung, sofern man davon bei der durch die Straßen eingeschränkten Geschwindigkeit überhaupt sprechen kann. Wir erschrecken ziemlich, denn damit hatten wir hier nun so gar nicht gerechnet. Zeremonien innerhalb oder am Rande von Ortschaften sind für uns schon alltäglich geworden, doch hier, mitten im Nichts? Wir bleiben also stehen und warten, bis die Gruppe von etwa 30 Personen in ausgesprochen feierlicher Kleidung und mit bedächtigem Gang an uns vorbeigezogen ist. Und wir stellen fest: Es gibt nicht nur immer einen Grund, sondern immer auch einen Ort für eine Zeremonie. Dieses Mal sprechen wir die Menschen nicht an, obwohl in mir die Neugierde wächst, mit was für einem Ritual wir es dieses Mal zu tun haben. Wir bewundern lediglich den, wie wir finden, ausgesprochen würdevollen und wie immer hübsch anzusehenden Festzug.

Die Fruchtbarkeit der Landschaft springt einen auch hier geradewegs an. Überall stehen Bäume mit Mangos und vor allem Kakao, der auf großen Flächen ausgebreitet in den Höfen der durchquerten Dörfer zum Trocknen liegt. Reisterrassen machen dieses wunderschön grüne Bild komplett.

Balado terung

AUBERGINEN-CHILI-GEMÜSE

Die leckeren Auberginen mit der ziemlich scharfen Chilisauce kommen ursprünglich aus dem Norden Sumatras. Inzwischen gehört das Gericht auch zu Nasi Campur, der indonesischen Reistafel. Wir servieren dazu Reis, Salzeier, die es in Asialäden gibt, und Gurkenscheiben.

FÜR 4 PORTIONEN

1 kg Auberginen
Salz
Öl zum Braten
8 lang, rote Gewürzpaprika (s. S. 21)
2 Knoblauchzehen
4 Schalotten
2 Tomaten
3 Zwiebeln
3 EL Öl
1 TL feiner Palmzucker (s. S. 15)

NACH GESCHMACK

Reis, gegart
Salz-Enteneier (im Asialaden erhältlich), hart gekocht und geschält
½ Salatgurke, in Scheiben geschnitten

_ Auberginen putzen, waschen und längs in dicke Scheiben schneiden. Jeweils mit einer Prise Salz bestreuen. Scheiben portionsweise in einer heißen Bratpfanne mit wenig Öl goldbraun braten und auf Küchenpapier abtropfen lassen.

_ Gewürzpaprika waschen, putzen und grob schneiden. Knoblauch und Schalotten schälen und grob hacken. Alle drei Zutaten mit einem Pürierstab zerkleinern. Tomaten waschen und die Stielansätze herausschneiden. Danach Tomaten grob hacken. Zwiebeln schälen und in Streifen schneiden.

_ Öl in einer Bratpfanne erhitzen. Gewürzpaste und Zwiebeln darin anbraten. Tomaten hinzufügen, mit Salz und Palmzucker abschmecken. Auberginen dazugeben und etwa 20 Minuten bei niedriger Hitze garen, ab und zu wenden.

_ Reis, halbierte Salzeier und Gurkenscheiben dazu servieren.

TIPP

Salzeier werden 15–20 Tage in einer Salz-Asche-Mischung eingelegt. Die noch rohen Eier müssen dann vor der weiteren Verwendung gegart werden. Sie sind nicht mit den in Europa bekannten Soleiern zu verwechseln.

NASI KUNING

KURKUMA-REIS MIT KOKOSMILCH

Nasi Kuning wird ausschließlich zum Frühstück zubereitet und nur bis mittags verkauft. Durch das Kurkuma bekommt der Reis ein sattes Gelb (kuning bedeutet gelb). Der in Kokosmilch und mit Kurkuma gegarte Reis wird mit Gurkenscheiben, Omelett und Sambal serviert.

FÜR 4 PORTIONEN

400 g Jasminreis
2 Stängel Zitronengras
ca. 40 g frischer Galgant
  (s. S. 18)
2 Knoblauchzehen
2 Schalotten
4 EL Öl
2 TL Garnelenpaste
  (Terasi, s. S. 17)
200 ml Kokosmilch
600 ml Gemüsebrühe (s. S. 145)
3 Salamblätter (s. S. 19)
2 TL Kurkumapulver
Salz
2 Eier
Pfeffer, frisch gemahlen
1 lange, rote Gewürzpaprika
  (s. S. 21)
½ Salatgurke
4 EL helle Röstzwiebeln (Bawang goreng, s. S. 13)
Sambal nach Wahl (s. S. 21)

_ Reis mit kaltem Wasser in einem Sieb gründlich waschen, bis die Flüssigkeit klar bleibt, und abtropfen lassen. Zitronengras waschen, zuerst längs, dann quer halbieren und mit einem breiten Messer anquetschen. Galgant waschen und in Scheiben schneiden. Knoblauch und Schalotten schälen und fein hacken.

_ 3 EL Öl in einem Topf erhitzen. Knoblauch und Schalotten darin anbraten. Garnelenpaste unterrühren und mitbraten. Kokosmilch, Gemüsebrühe, Zitronengras, Galgant, Salamblätter, Kurkuma und 1 TL Salz dazugeben und aufkochen. Reis hinzufügen und bei niedriger Hitze so lange köcheln lassen, bis die Flüssigkeit aufgenommen ist. Den Topf vom Herd ziehen und den Reis abgedeckt noch ca. 15 Minuten quellen lassen.

_ Eier schaumig schlagen, salzen und pfeffern. Restliches Öl in einer beschichteten Bratpfanne (26 cm Ø) erhitzen. Eier hineingießen und ein Omelett backen. Herausnehmen und etwas abkühlen lassen.

_ Gewürzpaprika und Salatgurke putzen, waschen und in Ringe bzw. Scheiben schneiden. Omelett aufrollen und in Streifen schneiden.

_ Salamblätter entfernen. Reis mit Omelettstreifen, Gurkenscheiben, Gewürzpaprikaringen und Röstzwiebeln anrichten. Dazu Sambal servieren.

Cah kangkung telor burung puyuh

GEDÜNSTETER WASSERSPINAT MIT WACHTELEIERN

In Indonesien nennt man das Gericht auch Kangkung Hot Plate (Wasserspinat auf der heißen Platte). Das Gemüse wird auf eine heiße Gusseisenplatte gegeben und mit heißer Fleischsauce begossen serviert. Da diese heißen Platten bei uns nicht so verbreitet sind, habe ich das Gericht in einem Wok zubereitet – und es schmeckt genauso gut.

FÜR 4 PORTIONEN

500 g Wasserspinat
12 Wachteleier, hart gekocht
250 g Rumpsteak ohne Fettrand
ca. 30 g frischer Ingwer
4 Knoblauchzehen
2 lange, rote Gewürzpaprika
  (s. S. 21)
4 EL Öl
1 EL Austernsauce
2 EL salzige Sojasauce
  (Kecap asin, s. S. 17)
Pfeffer, frisch gemahlen
200 ml Rinderbrühe
1 EL Speisestärke

_ Wasserspinat putzen, waschen und in mundgerechte Stücke schneiden. Wachteleier pellen. Steak mit kaltem Wasser waschen, trocken tupfen und in Streifen schneiden. Ingwer und Knoblauch schälen und fein hacken. Gewürzpaprika waschen, putzen und in dicke Ringe schneiden.

_ Öl in einer großen Bratpfanne erhitzen. Ingwer und Knoblauch darin anbraten. Fleischstreifen dazugeben. Mit Austernsauce, Sojasauce und Pfeffer würzen. Brühe angießen.

_ Stärke mit 2 EL Wasser glattrühren. Unter Rühren in die Sauce geben und zum Binden aufkochen. Wasserspinat hinzufügen und rühren, bis er zusammenfällt. Wachteleier darauf verteilen und sofort servieren.

ABSCHIED UND FAZIT

Je weiter wir in den Süden Balis kommen, desto belebter wird es wieder. Wir stoßen auf die Straße, die von der Hauptstadt Denpasar nach Westen, nach Gilimanuk, unserem Ausgangspunkt auf Bali, führt. Doch wir nehmen für den Rückweg nach Jakarta dieses Mal nicht die Fähre und den Landweg, sondern das Flugzeug. Nach einem erneuten, nur kurzen Abstecher nach Ubud fliegen wir vom Ngurah Rai Airport im Süden Balis nach Bandung, um uns von Jennys Familie zu verabschieden. Sie tragen einen nicht unwesentlichen Anteil am Gelingen dieser kulinarischen Reise. Die Herzlichkeit mit der auch ich verabschiedet werde, rührt mich. Sie danken uns, dass wir da waren und sie in unser Projekt einbezogen haben. Dabei sind wir es doch, die dankbar sind für die großzügige Unterstützung, ihre Hilfe und das viele köstliche Essen, das es zum Abschied natürlich von einer Garküche gibt. Traditionell eben.

Die kulinarischen Reiseskizzen von Java und Bali werden sicherlich dazu verführen, nicht nur die köstlichen Speisen nachzukochen, sondern sich selbst auf diesen Roadtrip zu begeben. Ich kann nur sagen, es ist alles unglaublich beeindruckend. Auch wenn das wie eine Phrase klingen mag, die man auf viele Länder dieser Erde übertragen kann.

Java und Bali gehörten bisher nicht zu den Destinationen meiner Wahl. Aber ich muss sagen, ich habe mich, zunächst inspiriert durch Jennys Kochkünste, gerne eines Besseren belehren lassen. Ich kann eine Reise in dieses Land jedem, auch dem weniger kulinarisch Interessierten, nur ans Herz legen. Früher oder später wird man hier ohnehin zum Streetfood-Fan.

Im Vergleich zu anderen Reisezielen kann man in Indonesien tatsächlich noch nahezu unberührtes Terrain entdecken. Orte, inmitten wunderschöner Landschaft, die offensichtlich noch nicht von vielen Touristen entdeckt wurden und vielleicht auch nicht werden. Auf dieser Reise durfte ich neben dem wunderbaren Essen die Vielfalt dieses Landes kennenlernen und die besondere Freundlichkeit und Herzlichkeit seiner Menschen. Die Offenheit Fremden gegenüber hat mich besonders beeindruckt. Man muss sich nicht erklären, man ist einfach nur herzlich willkommen. Stellen Sie sich vor, ich gehe bei uns unangemeldet in ein Restaurant oder in einen Imbiss und frage, ob ich in der Küche fotografieren kann. Die Reaktion, die ich in Deutschland erleben würde, wäre garantiert eine andere als die auf Java und Bali. Dort waren alle – und damit meine ich tatsächlich alle – unserem Vorhaben gegenüber sehr positiv gestimmt. Die Selbstverständlichkeit, die Offenheit, die Hilfsbereitschaft und die Freimütigkeit waren wirklich phantastisch. Und wenn man Menschen begegnet, von denen man aus welchen Gründen auch immer einmal keine Hilfe bekommen kann, ein Lächeln bekommt man immer!

Und dann das Streetfood … mmmh! Essen ist in Indonesien ein sehr hohes Kulturgut. Man geht zu „seiner" Garküche, da man um die Qualität der Speisen weiß. Es ist nicht vergleichbar mit unseren „To go"-Angeboten, die häufig eher Fastfood-Charakter haben. Man kann sich auf die Güte der einheimischen Gerichte immer verlassen. Es gibt ein Selbstverständnis von Essen gehen oder Essen holen, wie wir es bei uns nicht kennen. Vielleicht ist es auch die Lebenssituation, die einfach eine andere ist. Da viele Menschen zu Hause in den Wohnungen und auch Häusern teilweise auf sehr engem Raum leben, findet mehr Leben draußen statt, was auch durch die klimatischen Verhältnissen ermöglicht wird.

Essen ist Kommunikation. Und Essen sowie Kommunikation oder überhaupt Leben wird vielfach außerhalb der eigenen vier Wände zelebriert. Essen ist Genuss, was sich auch in den Speisen der einfachsten Garküchen ausdrückt. Essen ist qualitativ immer hochwertig, was nicht abhängig von der Größe der Garküche oder vom Portemonnaie ist. Essen auf Bali und Java ist Streetfood. Und so bleibt uns nur noch zu sagen: **Selamat makan!** (Guten Appetit!)

EPILOG

Wir wünschen Ihnen, den Leserinnen und Lesern dieses Buches, dass es Ihnen so viel Vergnügen bereitet wie uns. Egal, welche Dinge Sie am meisten ansprechen, ob es die Rezepte, der Reisebericht oder die Fotos sind. Jenny hat nicht nur die Route bis ins Detail geplant und die Restaurants ausgewählt, sehr viel organisiert, mit ihrer Familie korrespondiert und telefoniert, sie hat vor allem auch die Rezepte den mitteleuropäischen Gegebenheiten angepasst. Einige der Zutaten, die wir vor Ort kosten durften, kann man bei uns nicht finden – leider auch nicht in Asiamärkten. So hat Jenny jedes Rezept für den europäischen Gaumen adaptiert und dabei die Auswahl in den hiesigen Geschäften berücksichtigt. Sie können also alles wie beschrieben problemlos nachkochen und ein Urlaubsgefühl in Ihrer eigenen Küche kreieren. Sie können sich jedoch auch auf eine Reise nach Java und Bali begeben, unsere Route nachfahren und die Restaurants und Garküchen besuchen. Ob unsere Zusammenfassung für Sie ein Kochbuch, ein Bildband oder eine Urlaubsvorbereitung darstellt oder ob Sie einfach zur Inspiration darin blättern, das überlassen wir Ihnen. Viel Spaß!

ADRESSEN

JAVA

RESTAURANTS UND GARKÜCHEN IN YOGYAKARTA

BAKMI KADIN
Jalan Bintaran Kulon 3
Spezialität: Nudelgerichte
Öffnungszeiten von 10:00 – 23:30 Uhr

BAKMI PELE
Jalan Pojok Tenggara Alun-Alun · Utara,
Panembahan, verschiedene Filialen
Spezialität: Nudelgerichte
Öffnungszeiten von 16:00 – 23:00 Uhr

GUDEG PERMATA BU PUJO
Jalan Gadjah Mada 2
Spezialität: Gudeg
Öffnungszeiten von 21:00 – 1:00 Uhr

GUDEG YU DJUM
Jalan Kaliurang KM 4,5
Spezialität: Gudeg
Öffnungszeiten von 5:00 – 19:00 Uhr

LOTEK TETEG
Jalan Argolubang 184 · Gang Delima,
Baciro
Spezialität: Gemüse mit Erdnusssauce
Öffnungszeiten von 9:00 –16:30 Uhr

SENTRA GUDEG
Jalan Widjilan
Spezialität: Gudeg
Durchgehend geöffnet

SGPC BU WIRYO
Jalan Argo CT VIII · Klebengan
Spezialitäten: Pecel & Suppe mit Livemusik
Öffnungszeiten von 7:30 – 20:30 Uhr

RESTAURANTS UND GARKÜCHEN IN SURAKARTA (SOLO)

BEBEK GORENG H. SLAMET
Jalan Bayangkhara 39 B · Tipes
Spezialität: knusprige Ente
Öffnungszeiten von 10:00 – 22:00 Uhr

NASI LIWET WONGSO LEMU
Jalan Teuku Umar · Keprabon
*Spezialität: Reisgerichte mit traditioneller
Livemusik*
Öffnungszeiten von 17:00 – 1:00 Uhr

R.M. ADEM AYEM
Jalan Slamet Riyadi 342
Spezialitäten: alles aus der Region
Öffnungszeiten von 6:00 – 22:00 Uhr

SATE HAJI BEJO
Jalan Sebakung 10 · Lojiwetan
Spezialität: Ziegenfleischspieße
Öffnungszeiten von 7:00 – 13:00 Uhr

SERABI NOTOSUMAN LIDIA
Jalan Moh. Yamin 28
Spezialitäten: Kuchen und Pfannkuchen
Öffnungszeiten von 4:00 –18:00 Uhr

SOTO GERABAH
Jalan Soepomo 57
Spezialität: Hühnersuppe
Öffnungszeiten von 7:00 – 20:00 Uhr

MÄRKTE

PASAR BERINGHARJO
Jalan Pabrigen 1
Yogyakarta
Lebensmittel, Batik, Souvenirs

PASAR SENTUL
Jalan Sultan Agung 52
Yogyakarta
Nahrungsmittel, lebende Tiere

PASAR GEDE
Jalan Urip Sumoharjo
Surakarta
Lebensmittel, Batik, Souvenirs

PASAR KLEWER
Jalan Dr. Radjiman
Surakarta
Batik, Bekleidung

BALI

RESTAURANTS UND GARKÜCHEN IN UBUD

BABI GULING BU DAYU
Jalan Perempatan Raya Lodtunduh
Spezialität: gegrilltes Schweinefleisch
Öffnungszeiten von 10:00 – 17:00 Uhr

BABI GULING OKAWATI
Jalan Tegalsari 2
Spezialität: gegrilltes Schweinefleisch
Öffnungszeiten von 11:00 – 21:00 Uhr

NASI AYAM KEDEWATAN BU MANGKU
Jalan Raya Kedewatan 18
Spezialität: Reis mit Hähnchen
Öffnungszeiten von 8:00 – 18:00 Uhr

SAWAH INDAH
Jalan Rayan Goa Gajah · Peliatan
Spezialitäten: Ente und Fisch
Öffnungszeiten von 10:00 – 21:00 Uhr

WEITERE RESTAURANTS UND GARKÜCHEN, NACH ORTSALPHABET

NASI AYAM BETUTU BU KADEK WATI
Jalan Gatot Subroto Tengah 59 D
Denpasar
Spezialität: Hähnchen
Öffnungszeiten von 8:00 – 15:00 Uhr

TIAN TIAN LAI
Jalan Raya Sesetan 367
Denpasar
Öffnungszeiten von 6:00 – 14:00 Uhr

WARUNG INDAH
Pantai Lebih
Gianyar
Spezialität: Fischkopfsuppe
Öffnungszeiten von 9:00 – 22:00 Uhr

WARUNG RAMAYANA JIMBARAN
Jalan Pemelisan Agung
Jimbaran
Spezialität: Meeresfrüchte vom Grill
Öffnungszeiten von 14:00 – 22:00 Uhr

WARUNG LESEHAN MARTHA SARI
Jalan Pesinggahan · Kec. Dawan
Kab. Klungkung
Spezialität: Fisch
Öffnungszeiten von 8:00 – 18:00 Uhr

WARUNG NIKMAT
Jalan Bakung Sari · Gg. Biduri 6
Kuta
Spezialität: Hähnchen
Öffnungszeiten von 8:00 – 18:00 Uhr

WARUNG MAK BENG
Jalan Hang Tuah 45
Sanur
Spezialitäten: Fisch in klarer Suppe und frittiert
Öffnungszeiten von 8:30 – 17:00 Uhr

KAMPOENG KEPITING KULINER
Ekowisata Mangroven Warnasari
Jalan By Pass Ngurah Rai 1 · Tuban
Spezialität: Krebse
Öffnungszeiten von 10:00 – 24:00 Uhr

IKAN BAKAR TANJUNG ALAM LOVINA
Jalan Raya Singaraja-Seririt
Kalibukbuk · Singaraja
Spezialität: Meeresfrüchte vom Grill
Öffnungszeiten von 9:00 – 22:00 Uhr

WEIN
HATTEN WINES
Welcome Center & Observation Deck
Jl. Raya Seririt-Gilimanuk
Desa Sanggalangit · Buleleng

MÄRKTE
PASAR PAGI
Lebensmittel
Öffnungszeiten von 4:00 – 10:00 Uhr
und **PASAR UBUD**
Kunsthandwerk
Öffnungszeiten ab mittags
Jalan Raya Ubud · Ubud

PASAR BADUNG
Markthalle mit mehreren Ebenen: Lebensmittel, Bekleidung, Möbel
Jalan Sulawesi Nr. 1 · Denpasar

PASAR KUMBASARI
Lebensmittel, Bekleidung, Möbel, Kunsthandwerk
schräg gegenüber vom Pasar Badung
(s. o.): Jalan Gadjah Mada · Denpasar

SPRACHE

Das Tolle am Indonesischen ist, dass es ähnlich wie das Deutsche ausgesprochen wird, allerdings wird das **r** immer gerollt, das **s** ist immer ein scharfes **s** und ein **sch** kennt die indonesische Aussprache nicht.

Die wenigen Unterschiede sind schnell erklärt:
c entspricht unserem *tsch*
j entspricht unserem *dsch*
ny entspricht unserem *nj*, z. B. wie bei *Champignon*
w entspricht der englischen Aussprache, z. B. wie bei *world*
y entspricht unserem *j*
z wird als stimmhaftes *s* ausgesprochen

Die Schreibweise der indonesischen Begriffe orientiert sich an der „Ejaan Yang Disempurnakan" (der „verbesserten Rechtschreibung" von 1972). Viele Begriffe zur Bezeichnung der Lebensmittel werden teilweise sehr unterschiedlich geschrieben (z. B. Kecap auch als Ketjap oder Ketcap; Kacang auch als Katjang oder Catjang; Jamur auch als Djamur usw.), obwohl immer dasselbe gemeint ist. Einzige Ausnahme bildet oelek, das heute ulek geschrieben wird. Da haben wir die alte Schreibweise beibehalten, da nahezu alle im Handel erhältlichen Sambals noch als „Sambal oelek" angeboten werden.

Deutsch	Indonesisch	Deutsch	Indonesisch
Hallo	**Hallo**	*Bier*	**Bir**
Ja/Nein	**Ya/Tidak**	*Eis*	**Es**
ich bin	**Saya**		
du bist	**Kamu**	*hier*	**Disini**
Wie gehts?	**Apa kabar?**	*dort*	**Disana**
gut	**Baik**	*wieviel*	**Berapa**
es geht mir gut	**Kabar saya baik**	*wie teuer*	**Berapa harga**
Danke	**Terima kasih**		
gleichfalls	**Sama sama**	*lecker*	**Enak**
ich verstehe	**Saya mengerti**	*schwierig*	**Sulit**
ich verstehe nicht	**Saya tidak**	*einfach*	**Mudah**
	mengerti	*scharf*	**Pedas**
ich möchte	**Saya mau**	*sehr scharf*	**Pedas sekali**
ich heiße ...	**Nama saya ...**		
		gekocht	**Rebus**
Essen/das Essen	**Makan/Makanan**	*gebraten/frittiert*	**Goreng**
Wasser	**Air**	*gegrillt*	**Panggang**
Tee	**Teh**	*gedünstet*	**Tumis**
Kaffee	**Kopi**		

REGISTER

- NUDELN UND REIS
- FLEISCHGERICHTE
- PIKANT UND SÜßE SNACKS
- FISCHE UND MEERESFRÜCHTE
- SUPPEN
- GETRÄNKE & ERFRISCHUNGEN
- GEMÜSEGERICHTE
- SAUCEN UND DIPS

HINWEISE

Das für die Zubereitung von frittierten Gerichten verwendete Öl muss gut erhitzbar sein; besondere Bratöle aber auch Erdnuss- und Sojaöl sind geeignet.

Sofern nicht anders vermerkt, beziehen sich die Löffelangaben (EL und TL) in den Zutaten immer auf das gestrichene Maß.

ABKÜRZUNGEN

EL = Esslöffel   g = Gramm   ml = Milliliter   cm = Zentimeter   Pck = Päckchen

TL = Teelöffel   kg = Kilogramm   l = Liter   mm = Millimeter   TK = Päckchen

Ø = Durchmesser

IMPRESSUM

© 2015 Hädecke Verlag GmbH & Co. KG, Weil der Stadt

www.haedecke-verlag.de · www.facebook.com/haedecke.verlag · mizzis-kuechenblock.de

ISBN 978-3-7750-0686-6   4 3 2 1 | 2018 2017 2016 2015

Reiseplanung, Rezepte und Foodstyling: Jenny Susanti · Fotografie und Reisetagebuch: Andreas Wemheuer Texte, außer der Rezepte: Nanette Wolf · Lektorat: nvsg · Gestaltung: Julia Graff/Hädecke. Gesetzt in der Brandon (HvD Fonts) und der Cassia (hoftype), Schmuckschriften: Adien Gunarta, Java · Yanone · Celcius Design · Jérôme Berthemet · Fizzetica TypeFoundry Indonesia · Maghrib & ront beld / Creative Market . Verwendete Illustrationen und Hintergrundgrafiken © Creative Market

Gesamtherstellung: DZS Grafik   Printed in EU 2015
Druck auf chlorfrei gebleichtem FSC®-Papier aus nachhaltiger Forstwirtschaft und Holz aus kontrollierten Quellen.

FSC
www.fsc.org
MIX
Papier aus ver-
antwortungsvollen
Quellen
FSC® C110418